红色中原

《红色中原》编写组　编

中原出版传媒集团
中原传媒股份公司

大象出版社
·郑州·

图书在版编目(CIP)数据

红色中原 / 《红色中原》编写组编. — 郑州 : 大象出版社, 2019. 5 (2021. 4 重印)
ISBN 978-7-5711-0153-4

Ⅰ. ①红… Ⅱ. ①红… Ⅲ. ①革命史-河南 Ⅳ. ①K296. 1

中国版本图书馆 CIP 数据核字(2019)第 043365 号

红色中原

HONGSE ZHONGYUAN

《红色中原》编写组 编

出 版 人 汪林中
策 划 王留彦 韩申国
责任编辑 李建平
责任校对 张迎娟 牛志远
装帧设计 王莉娟

出版发行 大象出版社(郑州市郑东新区祥盛街 27 号 邮政编码 450016)
发行科 0371-63863551 总编室 0371-65597936
网 址 www. daxiang. cn
印 刷 郑州新海岸电脑彩色制印有限公司
经 销 各地新华书店经销
开 本 787 mm×1092 mm 1/16
印 张 16. 75
字 数 215 千字
版 次 2019 年 5 月第 1 版 2021 年 4 月第 5 次印刷
定 价 48. 00 元
若发现印、装质量问题，影响阅读，请与承印厂联系调换。
印厂地址 郑州市鼎尚街 15 号
邮政编码 450002 电话 0371-67358093

前　言

习近平总书记曾强调指出，历史是最好的教科书，中国革命历史是最好的营养剂。多重温这些伟大历史，心中就会增加很多正能量。要认真学习党史、国史，知史爱党，知史爱国。党的十九大报告也指出，要继承革命文化，发展社会主义先进文化，构筑中国精神、中国价值、中国力量，为人民提供精神指引。

为深入贯彻落实习近平新时代中国特色社会主义思想和党的十九大精神，教育广大党员干部不忘初心、牢记使命、坚守信念、奋勇前进，引导广大群众、青少年学习党史、国史，特别是中原革命史，了解河南省情，加强理想信念教育、革命传统教育、爱国主义教育和国防教育等，我们经过多年的努力，精心编著了《红色中原》一书。这是一部全面系统介绍中原革命历史的文献图书。该书以生动的故事、通俗的语言回顾了波澜壮阔的中原革命历程，记录了革命先驱在中原的光辉足迹，展现了中原英模的传奇故事和中原红色圣地的独特风采，是一部研究、学习中原革命史的生动教材。

我们编写本书的目的，首先是希望达到以史明志的作用。中国共产党近百年的辉煌历程，蕴含着共产党人丰富的革命精神，彰显出共产党人崇高的革命理想，展现出共产党人坚定的马克思主义信念。正是靠着坚定的理想信念，共产党人不惜抛头颅、洒热血，英勇无畏，前仆后继，不惜舍小家、为大家，艰苦奋斗，鞠躬尽瘁。这种崇高的理想信念，是我们取之不尽，用之不竭的巨大思想宝库，指引着我们坚持正确的政治方向，胜不骄，败不馁，经受住各种风险和困难的考验，自觉抵制各种腐朽思想的侵蚀，永葆共产党人的本色。

其次是希望达到以史资政的作用。中国共产党近百年的辉煌历程，蕴含着丰富的革命真理和治党治国治军经验，凝聚着共产党人在长期革命历程中形成的光荣传统和优良作风。近百年来，共产党人发扬艰苦奋斗的作风，坚持理论联系实际，实事求是，密切联系群众，开展批评与自我批评，大公无私，清正廉洁，带领各族人民不断开创各项事业新局面，并孕育出井冈山精神、长征精神、延安精神、西柏坡精神、铁人精神、“两弹一星”精神、抗震救灾精神等一系列璀璨夺目的红色精神。这些红色精神是我们开拓创新、奋勇前进的宝贵财富和智慧，是我们战胜各种困难、实现中华民族伟大复兴中国梦的强大精神力量。

最后是希望达到以史育人的作用。青少年是祖国的未来、民族的希望，用什么样的历史教育青少年，关系到青少年的成长和国家的未来。革命先烈和英雄模范身上涌现出的优良作风和高尚品德，是青少年培育和践行社会主义核心价值观的生动教材。通过党史进学校、进课堂，能够帮助青少年培养和树立正确的世界观、人生观和价值观，使他们在感受红色精神、缅怀先辈的情怀中增进爱党、爱国、爱社会主义、爱家乡的情感。

当前，我国正处在全面建成小康社会决胜阶段、中国特色社会主义进入新时代的关键时期。衷心希望我们的党员干部和广大群众、青少年铭记革命先辈的丰功伟绩，发扬革命光荣传统，坚定理想信念，牢记历史使命，汲取智慧和经验，凝聚精神和力量，在习近平新时代中国特色社会主义思想伟大旗帜指引下，在实现中华民族伟大复兴中国梦的进程中，奋力谱写新时代中原更加出彩新篇章。

目　录

光辉旗帜　革命历程

002 中原曙光
——辛亥革命在河南

004 五四风雷
——马克思列宁主义在河南的传播

006 陇海狂潮
——陇海铁路工人大罢工纪略

009 开天辟地
——河南第一个党小组成立始末

011 二七惊涛
——震惊中外的二七大罢工纪实

014 五卅激荡
——五卅运动在河南

017 浩荡中原起狂飙
——河南农民革命运动略记

021 星火燎原四望山

024 八月桂花遍地开
——记商城起义

027 大别山上红旗飘
——鄂豫皖革命根据地的创建及五次反“围剿”战役

032 血战独树

036 救亡狂潮
——“一二·九”运动在河南

040 竹沟事变

043 中流砥柱
——敌后战场中原抗战根据地

047 卫南战役

050 林南战役

052 奇袭八公桥

055 豫西神兵

059 剩勇追寇
——抗战反攻阶段的重大战役

062 中原突围

066 千里跃进大别山

071 经略中原

075 淮海战役

078 解放河南

伟人足迹
英模风采

082 李大钊在河南
087 毛泽东在河南
095 周恩来在河南
107 刘少奇在河南
115 朱德在河南
120 邓小平在河南
129 刘伯承在河南
136 徐向前在河南
141 李先念在河南
148 文武将星彭雪枫
153 传奇上将许世友
157 大智大勇李德生
161 民族英雄杨靖宇
166 抗日英雄吉鸿昌
170 红二十五军“军魂”吴焕先
175 抗战英模叶成焕
178 壮士本色宋学义
183 县委书记的好榜样焦裕禄
188 农村支部书记的榜样史来贺
192 人民艺术家常香玉
195 人民的好卫士任长霞
199 乡镇党委书记的榜样吴金印

红色圣地
时代记忆

206 郑州二七纪念堂、二七纪念塔

208 巩义市豫西抗日根据地纪念馆

209 兰考县焦裕禄烈士陵园

211 八路军驻洛办事处纪念馆

213 鲁山县豫西革命纪念馆

214 安阳马氏庄园刘邓大军指挥部旧址

215 林州“人工天河”红旗渠

217 鹤壁石林军事会议旧址

218 清丰县单拐革命旧址

220 临颍县南街村

222 八路军渑池兵站纪念馆

224 镇平县彭雪枫纪念馆及故居

226 桐柏革命纪念馆

228 夏邑县彭雪枫将军纪念馆

229 永城淮海战役陈官庄烈士陵园

231 睢县睢杞战役纪念馆

232 信阳市鄂豫皖革命纪念馆

233 新县首府路和航空路革命旧址群

237 新县鄂豫皖苏区首府革命博物馆

239 新县鄂豫皖苏区首府烈士陵园

240 新县许世友将军故里

242 新县郑维山将军故里
244 光山县王大湾会议旧址
246 光山县邓颖超祖居
248 罗山县何家冲
250 金刚台红军洞
251 扶沟县吉鸿昌将军纪念馆
252 驻马店杨靖宇将军纪念馆
253 确山竹沟革命纪念馆
255 泌阳县焦竹园鄂豫边革命纪念馆

257 后 记

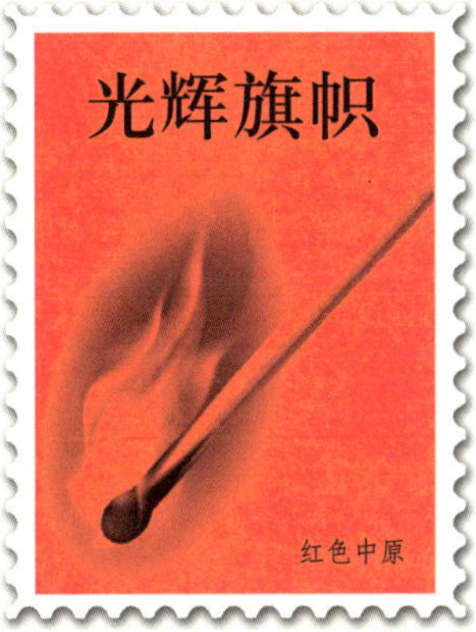
光辉旗帜
红色中原

革命历程

中原曙光

——辛亥革命在河南

清朝末年，清政府政治日益腐败，外敌接连入侵，内外交困，民不聊生，晚清政权摇摇欲坠。以孙中山为代表的革命派纷纷发动武装起义，以推翻清政府统治，建立共和政体。

1911年10月10日，在湖北武昌爆发的由革命党人领导的武昌起义，打响了辛亥革命的第一枪。随后，全国各地的革命活动风起云涌，地处中原的河南也点燃了革命烈火。

在武昌起义前后，一大批河南籍留日学生在孙中山的号召下，回国参加革命。其中，许昌籍留日学生、同盟会会员张钟端，受同盟会派遣，于1911年夏天，回国参加了武昌起义。武昌起义后，张钟端主动请缨，到当时的河南省府开封领导发动武装起义。

此时的河南革命热情高涨，信阳、驻马店、南阳等地先后发起几十次大大小小的武装起义。回到开封的张钟端积极联络同盟会会员、留日学生、新军、警察以及红枪会、仁义会等民众团体。不久，张钟端被革命志士们推举为河南革命军总司令，团结在他周围的革命军队伍人数达数千人。为了便于统一指挥，他按照军事编制任命了革命军协统、敢死队队长、暗杀团团长、督队长等，并决定于12月22日夜发动武装起义。

12月22日深夜10时许，黑暗中的开封城一片沉寂，但设在开封优级师范学堂的革命军司令部却异常地紧张而忙碌。昏暗的灯光下，张钟端等数十名革命军领导人正在紧张地进行战前部署。根据司令部的计划，夜里 11 点整，分布在开封城里的几个起义地点将同时点火为号，围攻巡抚房、弹药库、驻军地等清军重要场所，同时，等候在城外的红枪会、仁义会组织将同步攻城，里应外合，一举占领开封，宣布独立。

时间一分一秒过去，正当起义队伍整装待发之际，由于混进革命队伍中的清兵军官告密，深夜 10 点半左右，河南巡抚齐耀琳率清军围攻革命军司令部，同时进行全城大搜捕。当夜，原定举火为号的几个起义地点也被清军摧毁，包括张钟端在内的数十名革命军人被逮捕，开封起义不幸失败。

张钟端等人被捕后大义凛然，视死如归。河南巡抚齐耀琳审问张钟端："你们引匪聚众，放火暴动，若不承认，以大刑处之。"张钟端坚持不承认自己是土匪。被毒打后，他愤然回答："你们以为我是什么人我就是什么人，日后自有公论。"齐耀琳又问："你是什么职务？"张钟端正气凛然地回答："我是河南军政府总司令兼参谋长。"齐耀琳继续问其同党共有几人，张钟端回答道："除汉奸以外，都是我的同党！"齐耀琳无计可施，于 12 月 24 日将张钟端等 11 名革命党人残忍杀害。张钟端等人在遇害时，毫无惧色，沿途高呼："共和万岁！""革命万岁！""河南辛亥革命十一烈士"现在长眠于开封市禹王台公园辛亥革命纪念园。

河南的辛亥革命虽以失败告终，但辛亥革命所倡导的民主、共和观念日益深入人心。河南渴望摆脱半殖民地半封建社会的统治，走上自强民主、繁荣昌盛之路，一些先进的社会思潮开始在河南传播。

五四风雷

——马克思列宁主义在河南的传播

辛亥革命失败后，河南进入北洋军阀黑暗统治时期，大批革命青年受到迫害，民族经济遭受摧残，河南人民处于水深火热之中。

在陈独秀、李大钊倡导的新文化运动的影响下，河南相继建立了一些进步团体，创办了若干进步刊物，宣传各种新思想，介绍马克思列宁主义和俄国十月革命。开封的文会山房、百城书社、文化书社、青年学会，积极宣传新思想，出售进步书刊，组织读书会和学术讨论会。同时，翻译、介绍马克思列宁主义的书刊也得到了广泛的传播，如《马克思经济学说》《资本论小丛书》《马克思资本论入门》《列宁传》《第三国际宣言》《共产党宣言》《科学社会主义史》《社会主义研究点滴》《新青年》《每周评论》《妇女评论》等。

在新思想影响下，河南创办了《青年》《开封省立第一师范校刊》《新河南》《女权》《学生联合周刊》等刊物。这些刊物成为宣传新思想，介绍马克思列宁主义的阵地。《心声》第二卷刊载的由郭须静翻译的《理想家的社会主义》一文，介绍了马克思主义的三个来源和三个组成部分，批判了空想社会主义。《新中州报》开设了《俄游杂记》专栏，介绍了《新俄罗斯妇女运动》《布尔什维克的社会实施》《俄国的产业政策》等文章，使马克思列宁主义理论和俄国十月革命伟大胜利的消息在河南得到了宣传。河南的进步青年开始逐步接受马克思列宁主义。

1914年，第一次世界大战爆发，1918年大战结束，德国战败。1919年1月，第一次世界大战战胜国在法国巴黎召开“和平会议”。北洋军阀政府派出代表团以战胜国身份参加和会。但是，巴黎和会在帝国主义列强操纵下，不但拒绝了中国的要求，而且在对德和约上，明文规定把德国在山东的特权全部转让给日本。北洋军阀政府的外交失败，引发了中国民众的强烈不满，从而在北京直接爆发了中国人民反对帝国主义、封建主义的著名爱国运动——五四运动。

五四运动的消息传到河南，开封学生掀起了声势浩大的反帝爱国运动，以声援北京青年学生。5月9日，开封省立女子师范学校率先召开女界国耻大会，1000多人到会，会场群情激愤，学生高呼“还我青岛”“抵制日货”等口号。其中有一位女士登台演说，讲到慷慨激昂之际，竟将中指咬破，写出血书“坚持到底”四字。接着，开封各学校学生冲破阻挠，实现罢课。学生走上街头聚众演讲，散发传单，组成宣讲团到各地宣传。同时，河南社会各界纷纷行动起来，召开国民大会，成立河南国货维持会，号召开展抵制日货运动。河南各县也先后成立了国货维持分会，抵制日货。此后，河南学生联合会还组织学生以罢课、游行、请愿等方式，声援山东、福建、天津人民的爱国运动和反对日本侵占吉林珲春的斗争，以及反对河南军阀赵倜出卖河南铁路主权的斗争。

五四反帝爱国运动开辟了河南革命斗争的新阶段。从此，中原大地同全国一样，开始了焕然一新的变化。

陇海狂潮

——陇海铁路工人大罢工纪略

清光绪二十九年（1903），清政府向比利时电车公司借款 2500 万法郎，于 1905 年动工修建汴（开封）洛（阳）铁路，经由郑州，全长 185.5 公里，1908 年竣工通车。合同规定，汴洛铁路由比利时公司代管行车。1912 年 9 月 24 日，北洋政府又向比利时电车公司借款 400 万英镑，修筑西至兰州、东至海州（今连云港）的陇海铁路，运营管理权依然掌握在比利时公司手中。

1921 年，陇海铁路西修到三门峡陕县（今陕州区）的观音堂镇，东至徐州与（天）津浦（口）铁路相接，成为一条重要的交通线。直系军阀吴佩孚坐镇洛阳，派重兵驻守铁路沿线郑州、开封、商丘等地，成为维护洋人利益和统治阶级的帮凶。数以千计的陇海铁路工人深受压迫，过着衣不遮体、食不果腹的苦难生活。

洛阳是陇海铁路工人较为集中的地方。当时工人规模最大的洛阳机务厂分东、西两个分厂，有 1000 多名工人，西厂（现洛阳机修厂）负责火车头的检修。1921 年 11 月 17 日早晨，机修厂副厂首、比利时人狄孟无理刁难进厂工人，一位老工人气愤不过要强行进厂，遭到狄孟毒打。狄孟的野蛮行径引起了工人们的强烈不满，已经进入工厂的一部分工人又退了出来，大家一起与狄孟争辩。狄孟蛮不讲理，宣布开除与其激烈争辩的 20 多名工人，激起了工人们的极大愤怒。

事发之后，陇海路工联合会召开紧急会议，认真分析了洛阳和全国铁路的形势，认为只有采取罢工的形式才能解决问题。根据会议决定，成立了由洛阳同人俱乐部秘书游天洋与白眉珊、王符圣、黄文渊等人组成的罢工委员会，负责领导罢工事宜，并派人赴京与中国劳动组合书记部北方分部取得联系，请求派人指导，同时又派人到郑州、开封、商丘、徐州、观音堂等地联络。罢工委员会宣布洛阳机务厂即日罢工，并派代表向郑州铁路总管理处交涉，要求立即撤换狄孟，并保证以后不再发生类似情况，限三日内答复，否则将于11月20日举行全路大罢工。

郑州铁路总管理处闻报后，派新任总工程师葛丝禾等10余名洋员到洛阳查办。罢工工人推举6名代表与之谈判，葛丝禾摆出一副帝国主义老爷的架势，不仅不接受工人提出的条件，反而警告工人不许借端闹事。工人代表义正词严地予以反驳，严正声明如不合理答复，工人全部罢工，但葛丝禾态度十分傲慢，携带随员扬长而去。

罢工委员会在游天洋等人的领导下，做好了全路罢工的准备。各地工人闻讯后，一致决定同盟罢工。三日后，无人理睬工人要求。1921年11月20日，陇海路工联合会宣布全路罢工，全路工人组织纷纷致电响应。午后，洛阳、郑州、开封、徐州等地火车头汽笛齐鸣，东起连云港、西达观音堂的千里铁道线列车停摆，陇海铁路工人第一次大罢工爆发了。

11月18日下午，李大钊得知陇海铁路工人要罢工的消息后，极为重视，当晚主持召开了中共北京地委紧急会议，商议对策。会议最后决定派中国劳动组合书记部北方分部主任文虎（即罗章龙）前往洛阳执行任务。文虎21日晚抵洛阳后，会见了游天洋。

11月22日清晨，游天洋通知罢工委员会成员在其住处秘密召开紧急会议。这是一次扭转局势的重要会议。文虎代表书记部向陇海全路工人及其家属表示慰问，赞扬工人敢于斗争的革命精神，要求全路工人团结起来，争取斗争胜利。会后，罢工委员会旋即派人赴东、西两路传达贯彻会议决议。游天洋仍留洛阳罢工总部，秘密指挥各地罢工斗争。文虎则由罢工委员会成员王符圣陪同，驱车驰赴开封。

11 月 23 日清晨，文虎、王符圣赶到开封，传达了洛阳罢工委员会决议，说明中国劳动组合书记部北方分部全力支持陇海路工人的罢工斗争，要大家团结一致，坚持到底，争取胜利。接着在魏荣珊的主持下，在南关“老君会”前广场召开全体工人大会，贯彻洛阳罢工委员会决议，文虎代表中国劳动组合书记部北方分部讲了话，号召工人阶级内部应不分彼此，团结一致，共同对敌。大会当即决议，从即日起把开封“老君会”改成开封工会，同洛阳工人一道加入中国劳动组合书记部，并请书记部派专人驻汴指导工作，很快形成了声势浩大的罢工阵容。军阀吴佩孚亦在全国一片保护劳工的强烈呼声中被迫放弃武力干预。

此时正值全国爆发金融风潮，北洋政府深恐罢工风潮蔓延开去，造成更大的危机，急令交通部派陇海路督办施肇曾赴洛阳处理。由于罢工使陇海路局损失重大，平均每天损失 7 万元，交通堵塞，邮电不通，一片混乱，因此施肇曾对工人代表所提的经济要求件件答应，被迫撤换了洛阳机务厂洋人总管若里，同时撤销洛阳机修厂狄孟的副厂首职务。为避免当局出尔反尔，在工人代表的强烈要求和坚持下，将劳资双方所谈协议立为契约，存于陇海路工会，以昭信守。至此，陇海路首次全路大罢工胜利结束。

中国共产党领导下的陇海铁路工人大罢工的胜利，极大地鼓舞了劳动群众，展示了广大劳工团结起来的巨大力量，在中国现代工人运动史上留下了辉煌的一页。

开天辟地

——河南第一个党小组成立始末

1921 年 7 月，在烟雨迷蒙的浙江嘉兴南湖一艘游船上，十几个怀揣共同理想与信念的年轻人，正式创立了中国共产党。中国共产党的诞生，是开天辟地的大事，从此，中国革命的面貌焕然一新。

在河南，五四运动前后，以新文化社团和先进刊物为标志的新文化运动开始兴起。其中，著名哲学家冯友兰曾任主编的开封《心声》杂志，在五四运动后开始发表一些涉及社会主义思潮的文章，同时兼售京沪各地新出的各种宣传新思潮、新文艺的杂志。以进步青年梁子恪为首的几位热血青年自发捐资兴办的开封文化书社，开始公开出售一些宣传新思潮包括马克思列宁主义的图书。同时，河南省学生运动的领导人曹靖华、汪涤源等进步青年，以“青年学会”和《青年》半月刊为阵地传播马克思列宁主义。一些先进的知识分子和产业工人逐渐接受了马克思列宁主义，河南成为中国共产党开展革命活动最早的省份之一。

1921 年的郑州，已是京汉、陇海两大铁路干线交会处的重要交通枢纽，铁路员工多达 3000 人。郑州成为早期的共产党人和马克思主义者开展工人运动的理想之地。3 月，受武汉早期共产党组织成员、河南最早的共产党员之一、郑州铁路工人夜校教师赵子健的邀请，北京早期共产党组织负责人、党的创始人之一李大钊来到郑州，到夜校向工人传播进步思想，宣传马克思主义，号召工人要组织团结起来，争当社会的主人。

郑州铁路工人夜校很快成为开展党的活动的重要场所，在宣传和组织工人运动方面作出了重要贡献，短短几个月就培养出一批工人运动的骨干。

1921 年 9 月，在中国共产党的组织和领导下，郑州铁路工人成立了郑州京汉铁路工人俱乐部。这是河南工人阶级第一个革命的群众性组织，它的一些骨干分子后来成为中国共产党的优秀党员。随后，安阳、开封、洛阳、许昌、焦作等地的铁路工人俱乐部也相继成立。

1921 年秋，李大钊和中央局书记陈独秀分别派遣共产党员罗章龙、李震瀛来到河南，联络共产党员，发动进步工人，建立工人夜校，成立工会组织，向工人传授先进知识，开展阶级教育，鼓励工人敢于斗争、善于斗争。

罗章龙是受党组织派遣到洛阳开展工作的第一位共产党员。他来到洛阳后，与时任陇海铁路洛阳车站工程师的游天洋建立了深厚的革命情谊。1921 年 11 月，因陇海铁路洛阳机修厂副厂首、比利时人狄孟违反规定野蛮殴打工人，在游天洋、罗章龙等人的组织领导下，爆发了陇海铁路大罢工。在党的直接领导和参与下，罢工取得了胜利。罢工胜利后，李大钊、罗章龙介绍游天洋加入中国共产党，游天洋成为洛阳第一个共产党员。不久，陇海铁路大罢工的骨干、陇海铁路洛阳劳动补习学校主任白眉珊和洛阳铁路同人俱乐部负责人之一王福顺相继入党，中国共产党在洛阳建立地方党组织的条件已经成熟。

1921 年 12 月 24 日，在陇海铁路洛阳机车厂（现洛阳机务段）院内一座法式建筑内，由游天洋、白眉珊、王福顺三名共产党员组成的中共洛阳组正式成立，游天洋任组长。这是河南省成立的第一个党小组。

中共洛阳组的成立是洛阳历史上也是河南历史上破天荒的大事，随着中共洛阳组的成立，郑州、开封、洛阳等地的党组织如雨后春笋迅速发展，星星之火在中原大地渐成燎原之势。

二七惊涛

——震惊中外的二七大罢工纪实

在河南省会郑州二七广场，高高矗立着一座二七纪念塔，每逢 2 月 7 日，人们都会聚集在这里缅怀 1923 年在震惊中外的二七大罢工中牺牲的革命先烈，以此激励大家努力实现中华民族伟大复兴的梦想。

1906 年 4 月 1 日，清政府主持修建的全长 1214 公里的京汉铁路终于通车了。京汉铁路贯通南北，促进了铁路沿线商业的日渐繁荣。然而，成千上万的京汉铁路工人却过着牛马不如的生活，受人欺凌，怨声载道。1922 年，河南工人运动向纵深发展，作为交通枢纽的郑州已成为全国工人运动的中心之一。1922 年 4 月 9 日，京汉铁路各工团代表在长辛店召开发起成立全路总工会的筹备会。1923 年 1 月 5 日，京汉铁路总工会第三次筹备会议在郑州召开。会议认为建立总工会的条件已经成熟，决定于 2 月 1 日在郑州召开成立大会。1 月底，各地代表数百人陆续到达郑州。

1 月 28 日，正当即将开会之时，郑州警察局局长黄殿辰率领警察多人，到总工会筹备处宣布吴佩孚的电令，不许铁路工人于 2 月 1 日在郑州举行大会。次日，吴佩孚从洛阳电令郑州驻军师长靳云鹗对铁路工会活动实行监视，不准工人举行集会。面对军阀的镇压，领导京汉铁路工人运动的共产党人和各地工人代表并没有退却。

2 月 1 日清晨，京汉铁路各站区及兄弟铁路的代表 430 多人和郑州铁路工人1000多人抬着各地赠送的匾额整队向会场进发。沿途军警荷枪实弹，关卡层层，妄图阻止大会的召开。双方相持数小时，工人代表不顾敌人刺刀、棍棒的威胁，冲破反动军警的阻拦，进入普乐园会场。在军警的层层包围中，大会宣告：京汉铁路总工会成立了！军警冲进会场驱散会议代表，捣毁各地工会赠送的匾额。旅馆、饭馆、总工会办公的地方等到处都驻扎了军警，他们逼迫工人代表离开郑州，工人代表的安全受到严重威胁。总工会于是决定，把临时办公地点迁至汉口江岸，举行京汉铁路全线大罢工。

2月4日上午9时整，随着京汉铁路总工会一声令下，郑州、武汉、北京等地汽笛长鸣，京汉铁路工人全线罢工，京汉铁路顿时全线陷入瘫痪。在党组织和总工会的领导下，罢工有秩序地进行着。

罢工爆发后，吴佩孚、萧耀南、曹锟、赵继贤等反动军阀在英帝国主义的指使下，往返电商，密谋策划血腥镇压罢工工人。2月5日，反动军阀在郑州逮捕了郑州铁路工会委员长高斌和姜海士、刘文松、王宗培、钱能贵等人，对他们威胁利诱甚至严刑拷打，威逼他们开车复工。他们始终坚持“没有总工会命令，不能开车”。湖北督军参谋长张厚生到江岸指挥军警强迫工人开工，命令并威胁工会交出京汉铁路总工会和江岸分会负责人，遭到工人严词拒绝。张厚生又调集军队占领火车房，抓捕两名工人，强迫他们开车。江岸分工会闻讯立即派工人纠察团将两名工人救出。随后军警又抓走几名纠察团员，强令他们开车，扬言不开车就枪毙他们。工人们毫不畏惧，不屈不挠。工会很快组织数千名工人包围了警察所，把被抓走的纠察团员营救出来。

2月6日上午，武汉各工会派出代表组成2000多人的慰问团，前往江岸慰问京汉铁路工人，并在江岸举行了万余人参加的慰问大会，声讨反动军警镇压工人行径。中国劳动组合书记部武汉分部主任林育南、京汉铁路总工会秘书长李震瀛、法律顾问施洋和武汉各工团及学生代表纷纷发表演讲，谴责军阀罪行，声援铁路工人大罢工。会后举行了声势浩大的游行示威。

2 月 7 日，军阀吴佩孚终于下了毒手。湖北督军萧耀南借口调解工潮，诱骗工会代表到江岸工会会所谈判，工会代表在去工会会所途中，遭到反动军警的枪击，赤手空拳的工会代表当场被打死 30 多人，打伤 200 多人。反动军警还闯进工人宿舍，大肆搜捕，制造了震惊中外的“二七惨案”。江岸分会委员长、共产党员林祥谦被捕后，反动军警把他绑在江岸车站电线杆上，用刀逼迫他下令复工。林祥谦高呼：“上工要总工会下命令，我的头可断，工是不能上的！”他宁死不屈，英勇就义，年仅 31 岁。武汉工团联合会法律顾问、共产党员施洋也惨遭杀害。在河南郑州，有 6 人被捕，1 人被迫害致死，300 多名工人被开除，新乡等地的京汉铁路工人也遭到残酷迫害。

二七惨案发生后，中国共产党中央立即发出《为吴佩孚惨杀京汉路工告工人阶级与国民》，中国劳动组合书记部发表了《为二七惨案告全国工人书》《敬告国民》，揭露吴佩孚一伙的反动面目，号召全国工人和民众联合起来，打倒军阀。全国铁路工会筹备会、青年团中央也发出了通电和宣言，谴责吴佩孚的罪行。

京汉铁路大罢工充分显示了中国工人阶级为了维护正当权益，不怕流血牺牲的大无畏革命精神。

五卅激荡

——五卅运动在河南

京汉铁路工人大罢工失败后，各地党组织遭到破坏，工人运动转入低潮。

1925 年 5 月 15 日，上海日商纱厂的日本资本家枪杀工人代表、共产党员顾正红，打伤 10 多名工人，激起了上海工人、学生和广大民众的极大愤怒。5 月 30 日，上海工人和学生在租界的繁华马路上进行宣传讲演和示威游行，租界的英国巡捕先后逮捕 100 多人，并突然向密集的游行群众开枪射击，当场打死 10 多人，伤数十人，制造了震惊全国的“五卅惨案”。

五卅惨案的消息传到河南后，6 月 2 日，开封省立第一师范和中州大学率先提议罢课，抗议帝国主义的暴行。6 月 5 日，开封 22 所学校集会，决定 6 日罢课，举行游行示威，抵制日英货物，声援上海人民。

6 月 6 日早上 7 点多，中州大学和全城 35 所中小学校学生 1.3 万人持旗排队井然有序聚集在公共运动场（今开封市体育场）。参加罢课游行的学生群情激昂，同声高呼“打倒帝国主义”“对英日实行绝交”等口号。8 点 30 分，游行正式开始。游行队伍沿途分发传单，一路高呼“援助上海同胞”“国民自卫”“反对岛国”等口号。游行队伍中，有一位高呼口号、年仅 20 岁的学生骨干，他就是河南省立第一工业学校学生、日后成为大名鼎鼎的抗日英雄的杨靖宇（时名马尚德）。学生们的爱国激情也感染了开封城里的民众，沿途中一些市民和军警也相继加入游行队伍中。

6 月 8 日，开封学生与各界代表聚会，成立开封各界联合会。6 月 10 日，开封学生联合会在中州大学召开紧急会议，决定男学生组织学生军，实施军事训练，女学生组成看护队，速募捐款汇沪，同时电告国内军界一致对外。

6 月 14 日，开封各界联合会组织开封的学生、工人、农民、士兵、商人共计 100 多个团体 4 万多人举行游行示威。游行队伍绵延七八里，一路上游行口号响彻云霄，沿途不断散发传单，游行骨干分子不时发表演讲，沿街群众不时加入游行队伍，游行队伍一度达 10 多万人。不久，开封各界讲演、募捐、抵制英日货物等活动也轰轰烈烈地开展起来。

在开封人民的斗争影响下，郑州、洛阳、许昌、安阳等地也纷纷响应，一场反帝国主义的爱国运动在河南各地蓬勃开展起来了。

1925 年 6 月 4 日晚，焦作福中矿务大学和中学班学生决定罢课，14 日焦作全市举行游行示威。6 月 7 日，中共党员王若飞等人在郑州联合学界、商界 300 多个团体 9000 多人集会，提出惩办祸首、赔偿损失、收回租界、废除一切不平等条约等要求，并成立沪案后援会，开展抵制英日货物、罢工、罢市、募捐等活动。6 月 8 日，安阳各校学生罢课。13 日，信阳学生与各界人士数万人举行声援大会。此外，洛阳、许昌、商丘、固始、泌阳、淮阳、西平、南阳、郾城、商城等地学生与社会各界也先后举行罢课、集会、游行活动。

7 月 8 日，在共产党领导下，焦作英国福公司煤矿工人举行大罢工，持续时间达 8 个月之久。8 月 7 日，在共青团郑州支部书记的发动下，郑州豫丰纱厂举行罢工，罢工中一批青年工人加入共青团。不久，卫辉华新纱厂、安阳六河沟煤矿和京汉、陇海铁路的工人纷纷举行罢工。

在河南农村，在共产党领导下成立的农民运动组织也发动了抵制洋烟、洋油等洋货运动。河南人民的反帝爱国运动席卷城乡。

五卅运动后期，河南党组织加强了组织建设，于 1925 年 10 月中旬，在郑州成立了以王若飞为书记的中共豫陕区执行委员会。1926 年 8 月，中共中央又将豫陕区委改组为中共豫区执行委员会，集中领导河南的工作。1927 年 6 月，根据中共五大关于各省建立省委的决定，撤销中共豫区委，成立中共河南省委。在豫陕区委、豫区委、河南省委的领导下，党在河南的各级组织逐步建立，积极贯彻党的革命统一战线政策，广泛开展革命宣传，领导和发展工农运动，反抗直系军阀反动统治，为北伐战争的胜利作出了贡献。

浩荡中原起狂飙

——河南农民革命运动略记

为推翻北洋政府，结束军阀割据局面，1926 年 7 月，广东国民政府誓师北伐。北伐军英勇善战，势如破竹，先后占领长沙、岳阳，夺取军事要隘汀泗桥、贺胜桥，于 10 月攻破武昌，逼近武胜关，即将进入中原。军阀吴佩孚、张作霖急忙调兵遣将，妄图把北伐军消灭在豫南大别山天然屏障之外。

河南地处兵家必争之地，由于连年军阀混战，兵患匪祸，再加上土豪劣绅巧取豪夺、横征暴敛，中原大地满目疮痍，百姓苦不堪言。中共豫区委根据中央指示精神，在河南开展农民运动，发展武装力量。

1926 年 10 月，在上海、开封等地加入党组织的知识分子张家铎、马尚德（杨靖宇）、张耀昶等人，根据豫区委的安排，回到豫南信阳、确山进行革命活动，领导农民武装暴动。很快，豫南信阳、确山一带的农民武装力量得到迅速发展。

时值第一次国共合作时期，国共两党还处在蜜月期，中共中央指示豫区委积极配合北伐军北进，粉碎北洋军阀的阴谋，一场革命风暴即将降临豫南。

为得到中央的进一步指示，1926 年底，时任中共豫区委技术书记的林壮志辗转来到上海，向刚刚担任中央组织部秘书、中央军委委员的周恩来汇报豫南农民运动工作。周恩来精辟分析了国内形势和豫南对全国时局的重要影响，最后对豫南的武装暴动工作做了高屋建瓴的指示。带着中央领导对豫南工作的关心和指导，林壮志回到河南，传达了周恩来同志的指示，中共豫区委对豫南的武装暴动工作进行了重新部署。

1927年的春天似乎来得早一些。刚进入3月，豫南大别山已是山花烂漫，遍地春色。在确山县城，县知事（即县长）王少渠与四大劣绅、直系军阀驻军沆瀣一气，整日里只顾鱼肉百姓、花天酒地，全然没有感觉到一场革命大风暴正悄然而至。

3月下旬，武汉国民政府传来继续北伐的消息，已成为中共驻马店特支委和确山县农协领导的张家铎、马尚德（杨靖宇）、张耀昶等人振奋不已，研究决定，于4月初正式举行武装暴动。

1927年4月4日，这是载入史册的日子。上午9点，确山县城东关大操场红旗飘扬，热闹非凡，1万多名手持大刀、长矛、锄头、鸟枪，肩扛土炮的农民军从四面八方潮水般涌来。在城外，暴动队伍扣押了县知事王少渠，并向他提出了惩治四大劣绅、取消苛捐杂税、不准派车拉夫、释放因欠租欠债被关押的穷人等四项要求。吓破胆的王少渠连连答应，发誓回城照办。当晚，王少渠被放回，但回城后的王少渠背弃诺言，不但放走了四大劣绅，还与军阀驻军部队联手，连夜修筑工事，登城布防，进行负隅顽抗。

为了拿下确山县城，马尚德（杨靖宇）、张家铎、张耀昶组成攻城指挥部，马尚德（杨靖宇）任总指挥，于4月5日开始攻城。周边汝南、遂平等县农民协会的农民也赶来支援，农民军多达数万人，一些老人、儿童也都争先参加战斗。一时间确山城被围得水泄不通，城四周杀声阵阵，狼烟四起。架在城南山上的土炮也连续轰炸，城内到处火光冲天。4月7日，攻城指挥部下令猛攻，马尚德（杨靖宇）、张家铎、张耀昶等亲临城下，农民军冒着枪林弹雨越过壕沟登城杀敌。激战一整天，终于在晚上攻占县城，活捉王少渠，守城的残兵败将狼狈而逃。

4 月 8 日清晨，迎着春天的朝阳，一面鲜艳的红旗在确山城楼升起，确山暴动取得完全胜利。

4 月 15 日，北伐军顺利到达确山。4 月 19 日，武汉国民政府慰问团到确山县城慰问。4 月 24 日，河南第一个县级农工政权——确山县临时治安委员会成立，马尚德（杨靖宇）当选为委员和常务委员并行使代理主席职权。确山县临时治安委员会是河南省第一个县级革命政权，也是大革命时期持续时间最长的县级革命政权。确山暴动震惊中外，英国《泰晤士报》惊呼：中国河南出现了苏维埃！

1927 年夏，确山县临时治安委员会受到反动地主武装的反扑进攻。为保存实力，确山党组织退出县城转入确山刘店农村继续开展斗争。1927 年 11 月 1 日清晨，在共产党员李鸣岐、马尚德（杨靖宇）、张家铎、张立山、张耀昶等领导下，发动刘店秋收起义，取得了胜利。胜利后，中国共产党在刘店建立了确山县工农革命军，并成立了河南省第一个苏维埃政权——确山县革命委员会。

在豫东，一场同样的风暴也几乎同时兴起。

北伐军顺利进入豫南，沿京汉路北进，一路势如破竹，所向披靡。当时，蒋介石发动“四一二”反革命政变的消息尚未传到豫东，以中共中央总书记陈独秀为代表的右倾机会主义路线的影响尚未影响豫东地区，这里的党组织和农民武装士气旺盛，农民武装暴动的条件已经成熟。

1927 年 5 月 23 日，河南省农协主席、省农民自卫军临时执行委员长、中共豫区委委员萧人鹄和中共杞县地委书记、豫东农民自卫军主任吴芝圃等人，在杞县何寨何家祠堂宣布举行豫东农民武装暴动。

1 万多人的起义军集合后，全体指战员斗志昂扬、精神振奋。他们臂戴袖章，高举大旗，手持长矛、大刀及少量钢枪，牛车拉着土炮、抬枪，浩浩荡荡星夜直扑杞县，将县城东、南、北三面团团包围，唯留西门一面。守城敌人早已吓得提心吊胆，无力抵抗。当攻城的农民自卫军土炮轰鸣、杀声四起时，他们便溃不成军。拂晓，围攻东门的农民自卫军用土炮轰塌一城墙垛口，萧人鹄率队踏梯登城，打开东门。北门、南门相继被攻克。县知事杨保元及豪绅侯五、段跃斋等乘机逃跑，守城敌人全部缴枪投降。

同日，在豫东农民自卫军联合办事处统一部署下，永城县农民自卫军几万人高举大刀、长矛、铁锨，在周禾立、蒋一峰率领下，顺利地占领了县城，接管了县政府。

5 月 26 日，睢县农民自卫军在于秀民、马集勋、李西锋、杜如珩等率领下，兵不血刃占领了县城，自任县知事的官僚地主马振祺被擒，劣绅孟继五率一些地方武装逃跑。

豫东农民武装起义，先后攻克占领了杞县、永城、睢县、陈留、通许五座县城，并在杞县、永城、睢县三县建立了以共产党员为主要骨干并联合其他阶层进步人士的民主政权，是豫东在中国共产党领导下有史以来规模最大的一次农民武装暴动。它有力地配合了北伐战争，惩治了贪官污吏、土豪劣绅，豁免了苛捐杂税，为农民出了积压多年的怨气，广大农民找到了一条自谋解放的道路。

中原农民暴动虽然都取得了胜利，但胜利只是暂时的。蒋介石“四一二”反革命政变以后，汪精卫又发动了“七五”反革命政变，冯玉祥又在河南开始了“清党”活动。在陈独秀右倾投降主义路线影响下，农民自卫军拱手交出了以热血换来的民主政权，一场轰轰烈烈的农民革命运动失败了，整个中原又笼罩在白色恐怖之中。

星火燎原四望山

信阳西南40公里处，群山连绵，层峦叠翠，因站在其主峰祖师顶可望信阳、桐柏、随州、应山四地，故此山名为“四望山”。

1927年8月的一天，酷暑难耐。刚吃过中午饭，四望山脚下浉河港桃园村的王伯鲁又上山了。他记不得这是多少次上山了，但他知道山上祖师顶山寨里的100多号“山大王”都拿他当兄弟，都喜欢和他“喷喷”（聊天）。

王伯鲁不是一般的农民，他的真实身份是信阳县农民协会会长。豫南暴动失败后，时局急剧变化，曾经在大革命时期被打倒的土豪劣绅、官僚政客又东山再起，疯狂捕杀党团员和农运骨干，破坏民众团体，整个豫南笼罩在一片白色恐怖之中。信阳县农民协会会长王伯鲁、代理县委书记张志刚等一批党团员和农运骨干，只好隐居乡间，积蓄力量，坚持斗争。

王伯鲁的保密工作做得相当好，在他的家乡，几乎没有人知道他的真实身份。巧合的是，不久前，他的乡邻、四望山下农民黄修允、王承彦等人因不满盘踞在祖师顶山寨、横行乡里的民团团总张显卿的恶行，结盟数十人，于夜间暴动，攻进山寨，杀死张显卿，收缴了部分枪支，“占山为王”，成为祖师顶山寨新的“山大王”。这些“山大王”劫富济贫，为民除害，一些无家可归或者是饱受土豪地主迫害的山民被“逼上梁山”，一时间山寨里汇集了100多人，有枪有炮，成为一支令周边土豪劣绅闻风丧胆的武装队伍，土豪劣绅对他们恨之入骨，蓄意铲除。

这一支在一些土豪地主眼中是“土匪”、在周边乡邻眼里是“好汉”的队伍，清一色的农民兄弟，也从不残害老百姓。王伯鲁敏锐地感觉到这是一支可以争取的革命力量。由于山寨上原有一所小学，王伯鲁便以办学为名常去山寨，与他们接触颇多。由于是同乡，且王伯鲁见多识广，一来二往与他们成为“兄弟”。黄修允、王承彦等几位“头领”经常向王伯鲁请教问题，甚至一些大的行动都请王伯鲁帮忙出谋划策。王伯鲁逐渐成了他们的主心骨，黄修允、王承彦等人执意要与王伯鲁结拜为兄弟。

王伯鲁这次上山，就是要举行结拜仪式。结拜仪式简单而隆重，结拜后，众望所归，王伯鲁成为他们的“头领”。

成为“头领”后，王伯鲁经常向他们宣传革命道理，加强训练，严格队伍纪律，这支队伍的力量迅速得到壮大，发展到拥有三四百人、数十枪炮，成为四望山一带实力较强、纪律严明、声望最好的农民武装队伍。附近杨家寨、冯家庄、龙门新店等地的土豪劣绅、地主兵团等反动势力极度恐慌，他们图谋联起手来血洗四望山。特别是杨家寨，位于祖师顶寨北25里，是由信阳经黄龙寺通往四望山的重要隘口。寨主杨六少，养有团丁20余人，枪械齐全，是一股极端凶悍的反动势力，直接威胁着四望山的安全。

1927年8月7日，中共中央在汉口召开“八七会议”，会议总结了大革命失败的经验教训，坚决纠正和结束了陈独秀的右倾投降主义错误，第一次提出了“枪杆子里面出政权”的思想，并把发动农民举行秋收起义作为党在当时的最主要任务。中共河南省委接到中央“八七会议”决议通知后，决定在豫南以四望山农民武装力量为基础，发动四望山起义，消灭当地的反动势力。

1927年10月，根据新的斗争形势需要，中共豫南特委和信阳县委相继派遣龚逸情、曾清澄、张志刚等共产党员上山，成立了中共四望山特别支部，并制订了率先攻打杨家寨的武装暴动计划。

11 月下旬的一个深夜，寒风呼啸，雨雪交加，四望山区的人们早已进入梦乡，一支数百人的队伍悄悄从四望山下来，摸黑朝 25 里外的杨家寨进发。这支队伍由王伯鲁和张志刚任总指挥，编成前、后两个行动队，一队负责正面进攻，一队负责从背面包抄。约半个小时后，队伍到达杨家寨。守寨的团丁因耐不住饥寒，早已躲进寨内进入梦乡。暴动队伍乘敌不备，一举攻破杨家寨，寨主杨六少兄弟和部分团丁仓皇逃命，暴动取得了胜利。首战告捷后，王伯鲁、张志刚带领四望山农民起义军乘胜出击，攻打黄龙寺，夺取四望山重镇冯家庄。

与此同时，根据豫南特委书记王克新的统一部署，信阳长台关区委的10余名党员袭击彭家湾民团，攻占了婆婆寨。起义军每攻下一个山寨，便没收地主豪绅财产，开仓放粮，救济穷苦农民，起义队伍也不断壮大。发动确山暴动的马尚德（杨靖宇）、张家铎，带领农民革命军百余人南下信阳四望山，与王伯鲁带领的农民起义武装合编为豫南工农革命军，形成了以四望山为中心、纵横百余里的河南省第一个红色区域。

四望山起义对鄂豫边区的革命运动影响很大，为 10 年后李先念、危拱之等同志在四望山建立抗日根据地奠定了群众基础。解放战争时期，四望山又成了中国共产党在豫南开展武装斗争的重要基地，李先念、陈少敏等同志在四望山留下了战斗的足迹。四望山由于在各个历史时期都具有重要的历史地位，因而被誉为“红色四望山”。

八月桂花遍地开

——记商城起义

北伐革命时期，河南各地的农民起义都先后遭到反动派残酷镇压，但在中原大地，共产党领导的反封建压迫、反国民党新军阀统治的斗争从来没有停息。在鄂、豫、皖三省交界处的豫东南商城、潢川、固始等县，由于受湖北黄麻起义等革命运动的影响，这一带的革命烈火正在熊熊燃烧。

在商城县，以国民党驻军和土匪武装、豪绅地主为主的反动势力，经常因争夺地盘发生火并，商城县反动政府也经常找借口横征暴敛。兵匪官绅让商城百姓苦不堪言，老百姓对反动势力的残酷压榨恨之入骨，迫切要求革命，改变现状。1928 年夏秋，豫南又遭遇大旱，庄稼歉收，农民食不果腹。豫东南党组织及时开展了“均粮”斗争，打开地主粮仓，将粮食分给无数断炊的农民。“均粮”斗争赢得了广大农民的欢迎和支持，为商城起义创造了极为有利的群众条件。

1928 年 3 月 17 日，中共豫南特委在商城北部的大荒坡发动了大荒坡起义。由于准备不足，敌情了解不够，力量悬殊，起义失败，32 位党员和群众被杀害。这次行动虽然失利，但它是商城起义的前奏，由此揭开了豫东南武装斗争的序幕。

大荒坡起义后，商城反动派加大了对商城党组织的摧残，中共商城县委多次遭到敌人破坏，敌人先后逮捕、杀害了多位负责同志，商城处于白色恐怖之中。斗争形势的严酷考验，锻炼了豫东南党组织，他们一方面多次选举充实了中共商城县委，另一方面利用商城县反动民团扩充势力纷纷招兵买马之机，陆续选派党员周维炯、漆德玮等人打入商城县势力较强的反动民团，同时利用一切可能掌握的武装，广泛发动群众，积蓄力量，准备再次发动武装暴动。

1929 年 4 月，豫东南革命形势进入非常时期，为了保证革命起义成功，中共豫东南特委把起义领导工作暂托鄂东特委领导。鄂东特委派出分别参加过八一南昌起义、黄麻起义的两名特委委员徐其虚、徐子清来到商南，并及时组建了直接领导起义的中共商罗麻特别区委，徐子清任书记，徐其虚、李梯云、肖方、周维炯、廖炳国等为委员。

1929 年 5 月初，被派往商城指挥起义的中国工农红军十一军军长兼三十一师师长吴光浩等人在途中遭到民团包围，突围时吴光浩等同志不幸壮烈牺牲。噩耗传来，令组织商城起义的同志十分震惊。中共商罗麻特别区委当机立断，变被动为主动，先发制人，决定 5 月 6 日（即农历三月二十七日立夏节）提前发动起义，会议决定起义采取统一指挥、分头行动的办法，主要消灭敌人的民团武装，并以丁家埠（今属金寨县）为主，11 个起义地点一齐行动，协同作战，互相支援。

丁家埠是商城南部豪绅杨晋阶的民团驻扎地，共产党员周维炯打入杨晋阶民团后，担任民团教练兼四班班长。他训练有方，作风正派，不但在民团里发展了 7 名党员，而且争取了一部分先进分子。

1929 年 5 月 6 日，农历立夏节到了。这天，周维炯主动要求值班，他以过节打扫卫生、整理内务为名，安排团丁把 30 余支枪和子弹带一律整齐地挂在中间屋内的墙上。晚上，按惯例民团要大吃一顿，周维炯等人决定在晚上发动起义。

好不容易熬到晚上，美味佳肴做好了，那些团丁们早已垂涎三尺。开饭时间到了，周维炯点兵报数，一名党员故意迟到，被罚到外面站岗，实际上负责监控外面形势，以做到里外配合。而在外收捐的团总杨晋阶，也早已被周维炯派去的人监视。晚饭开始了，桌子上摆满了美味佳肴，团丁们一个个狼吞虎咽。席间，周维炯和几个同志连敬带劝，把民团队长和大部分团丁灌得酩酊大醉。周维炯见时机已到，宣布动手，同志们立马夺取了挂在墙上的枪支，捆绑了民团队长，封锁了宿舍，团丁们乖乖当了俘虏。周维炯站在民团大院里，朝天放了两枪，大声说道："弟兄们，不要惊慌，我们是共产党，专门打富济贫，给咱们穷人打天下的。你们愿意跟着干的就留下来，不愿干的可以回家，我们绝对不为难大家。"民团士兵大多数是被生活所迫来当兵的，平时比较拥护周维炯，因此民团 40 多人全部愿意留下。丁家埠起义取得成功。

在丁家埠起义的同时，几乎在一夜之间，商城南部南溪、李家集、吴家店、白沙河、大屋湾等共十余处同时举行武装起义，共消灭 7 股民团，民团团总逃的逃，被活捉的被活捉，商城南部的反动武装土崩瓦解，起义队伍基本上控制了商南地区，商城起义一举成功。

1929 年 5 月 9 日，各路起义队伍会师商城县斑竹园，召开庆祝大会，宣布组建中国工农红军第十一军第三十二师。成立后的红三十二师接连袭击余富山，攻破金家寨，打下流波疃。12 月 25 日，红军打下了商城县城，商城县成为土地革命时期河南省解放的第一座县城。12 月 27 日，商城全城张灯结彩，庆祝商城县苏维埃政府成立。

商城起义是土地革命时期鄂豫皖边区继黄麻起义之后党领导的又一次有重要影响的起义，诞生了河南省的第一支红军队伍——红三十二师，建立了河南省第一个县级苏维埃政府，并逐步形成以商城为中心，纵横 200 余里的豫东南革命根据地，更为创建皖西革命根据地、鄂豫皖革命根据地和组建中国工农红军第四方面军打下了坚实的基础，为庆祝起义成功而创作的经典革命歌曲《八月桂花遍地开》从这里唱响全中国。

大别山上红旗飘

——鄂豫皖革命根据地的创建及五次反“围剿”战役

鄂豫皖交界处的大别山，巍峨雄壮，绵延千里，横亘中原，历来是兵家必争之地。土地革命时期的大别山区，一直是革命活动最活跃的地区。从 1927 年 11 月到 1930 年春天，鄂豫皖边界大别山地区先后组织发动了黄麻起义、商城起义、六霍起义等，分别诞生了中国工农红军第三十一师、第三十二师、第三十三师，先后开辟了鄂豫边根据地、豫东南根据地、皖西根据地，形成了总面积达 1.5 万平方公里的大别山区革命根据地。

为了统一领导，1930 年 3 月，根据中央指示精神，中共鄂豫皖边特委在光山箭厂河（今属新县）成立，同时将红十一军三十一、三十二、三十三师统一整编为中国工农红军第一军。6 月，鄂豫皖边区第一次工农兵代表大会在光山王湾（今属新县）举行，选举产生了鄂豫皖边区苏维埃政府，以大别山为中心的鄂豫皖革命根据地正式形成。1931 年 2 月，根据地红军攻克光山新集镇（今新县），改为新集市，根据地党政军领导机关相继迁到新集。1931 年 5 月在新集成立了中共中央鄂豫皖分局，7 月成立了鄂豫皖苏维埃政府，新集正式成为鄂豫皖革命根据地的首府。

鄂豫皖的革命斗争一直没有停息。红一军成立后实施进攻作战，连战皆捷，并于 1931 年 1 月与红十五军会合，合编成立中国工农红军第四军，原在三十一师任师长的徐向前，在这年的7月担任红四军军长。随着红军力量的不断壮大，1931年11月，鄂豫皖革命根据地成立了中国工农红军第四方面军，年仅30岁的徐向前担任总指挥。红四方面军先后发起了黄安、商（城）潢（川）、苏家埠、潢（川）光（山）战役，歼敌约6万人，使鄂豫皖根据地不断得到巩固和扩展。到1932年6月，鄂豫皖革命根据地东起安徽舒城，西至平汉线，南达长江，北至淮河，建立了光山（含今新县）、罗山、潢川、固始、信阳、商城和湖北的黄麻、安徽的六霍等26个县级苏维埃政权，总面积4万平方公里，人口350万，红军部队达4.5万余人，成为仅次于中央苏区的革命根据地。

鄂豫皖革命根据地的蓬勃发展得到中央的高度重视。1931年4月1日凌晨，一位商人带着他的伙计，从上海杨树浦码头登上了开往武汉的货船。这位商人看上去30多岁，西装革履，俨然一副走南闯北的老板模样。他的伙计只有20多岁，精明利落，很殷勤地为老板端茶递烟。在这条生意人比较多的船上，他们没有引起其他人的关注，但他们的真实身份却非同一般。这位老板模样的人是中国共产党最早的党员之一、时任中央政治局常委的张国焘，他的伙计是中央候补委员陈昌浩，他们是以“中央全权代表”的身份赶赴鄂豫皖革命根据地的。“空降”到鄂豫皖革命根据地的张国焘，日后成为鄂豫皖革命根据地的“一号”人物。

张国焘是江西萍乡人，早年就读于北京大学，并作为北京代表出席1921年7月的中共一大，当选为中央局成员分管组织工作，成为中共早期领导人之一，在第一次大革命中是陈独秀的得力助手。

中共六届四中全会后，王明等“左”倾机会主义者依仗共产国际代表米夫的支持，强行夺取了中央的领导权。张国焘又成了王明的吹鼓手，赢得了王明的信任，被王明等把持的中央任命为鄂豫皖中央分局书记兼革命军事委员会主席。张国焘此行是以“中央全权代表”的身份被派到鄂豫皖根据地去的，同时被派遣的还有陈昌浩、沈泽民等人。

鄂豫皖根据地的大好形势让张国焘兴奋不已。张国焘是一个野心勃勃的人，在他看来，作为当时共产党第二大革命根据地，鄂豫皖将会成为他个人施展政治抱负的最好舞台。

1931 年 5 月，鄂豫皖边区党组织召开代表大会，“空降”到鄂豫皖的张国焘担任鄂豫皖中央分局书记和军委主席，如愿成为鄂豫皖根据地“第一把手”。但是张国焘深知，自己要真正起到“第一把手”的作用，树立一呼百应之威信，就必须大刀阔斧地干好几件事。于是，他首先抓了两件事：一是整顿党的组织，二是解决当时最急迫的粮食问题。他上任一个多月后，迫不及待地开展了一系列的改造运动，最惨烈、最臭名昭著的就是按照共产国际和王明指示进行的“大肃反”运动。

从 1931 年 7 月开始，鄂豫皖的“肃反”运动如疾风暴雨般展开了，那些“不听招呼”“冒犯权威”的红四军领导人首当其冲。在张国焘领导下的肃反组织政治保卫局使用了“酷吏”方式办案，大搞逼、供、信，滥捕滥杀滥用酷刑，“一株连一大片”。在将近三个月的“肃反”运动中，红四军著名将领许继慎、周维炯、熊受暄等人被杀害，参加过黄麻起义、商城起义、六霍起义的领导人和鄂豫皖苏区创建者也先后被杀害，鄂豫皖苏区处于赤色恐怖之中。

经过“大肃反”，骄横跋扈、滥杀无辜的张国焘在鄂豫皖苏区树立起自己的绝对权威，俨然成为鄂豫皖苏区的“太上皇”。

就在鄂豫皖根据地经历发展和变革的同时，在外部，国民党政府对鄂豫皖根据地的打击从未停止过，先后发动了五次军事“围剿”。

1930 年 12 月上旬，蒋介石任命武汉行营主任何成浚为总指挥，先后调集 8 个师 3 个旅近 10 万兵力，分四路南北对进，东堵西压，以鄂豫边为中心对鄂豫皖根据地发动第一次“围剿”。鄂豫皖根据地军民同仇敌忾，英勇奋战。1931 年 3 月，红四军取得双桥镇战役的胜利，活捉国民党第三十四师师长岳维峻，粉碎了国民党的第一次军事“围剿”。

1931年4月上旬，国民党先后调集10多个师的13万兵力，分两步对鄂豫皖根据地进行第二次“围剿”。4月25日，红四军于皖东一举攻克独山镇，全歼守敌一个多团，首战告捷。5月上旬，红四军在新县许湾歼敌第五十三师近千人。5月底围攻黄安、宋埠间敌供应线上之桃花店据点，先后歼敌近4个营，蒋介石幻想5月底肃清鄂豫皖红军的第二次“围剿”又告破产。

1931年11月，国民党调集15个师的兵力约20万人，集结于鄂豫皖周边，企图对鄂豫皖苏区发动第三次“围剿”。红四方面军在总指挥徐向前、政治委员陈昌浩指挥下，主动出击，连续进行了黄安战役、商（城）潢（川）战役、苏家埠战役、潢（川）光（山）战役等四次进攻战役，共歼敌约6万人，俘获国民党第六十九师师长赵冠英，皖西“剿共”总指挥、第七师师长厉式鼎，红军连长赵基训还开创了中国工农红军用机枪打下敌人飞机的先例。

1932年7月，蒋介石亲任总司令的豫鄂皖三省“剿匪”总司令部，以30余万兵力对鄂豫皖根据地开始第四次“围剿”。此时的张国焘，已经全面掌握鄂豫皖苏区军政大权，他积极贯彻王明的“左”倾冒险主义，盲目轻敌，战略失误，导致红军终未能打破蒋介石30万大军的“围剿”，主力红军被迫撤离根据地向西转移。红四方面军主力转移后，国民党军队对根据地实行了惨绝人寰的烧光、杀光、抢光政策，制造了骇人听闻的“九十里无人区”。

在严峻的形势下，1932年11月，中共鄂豫皖省委重建红二十五军。红二十五军坚持开展保卫根据地的斗争，连续取得了郭家河、潘家河、杨泗寨三大战斗的胜利，全军迅速发展到1.3万人，根据地很快得到了恢复和巩固。

1933年7月17日，蒋介石调集8个师10万余人，第五次进攻鄂豫皖根据地。由于鄂豫皖省委在战略上指导错误，又加上力量悬殊，终因寡不敌众严重失利。红二十五军坚持开展反“围剿”斗争，虽然取得了一些胜利，但终未能彻底扭转危急局面。1934 年 11 月，红二十五军被迫实行战略转移，开始长征，北上抗日。随后，留下的部分干部和武装重建红二十八军，在高敬亭等人的领导下，继续在鄂豫皖坚持斗争，并在艰苦卓绝的三年游击战争中，独创了一种特殊的革命武装组织形式——武装便衣工作队。抗日战争爆发后，红二十八军编入新四军。

鄂豫皖革命根据地从大革命失败后开始创建到抗日战争爆发的十年间，为中国革命积累了丰富的经验，造就了大批革命干部，为中国革命的胜利作出了重要贡献。大别山区也成为历经大革命、土地革命、抗日战争、解放战争四个重要时期始终“红旗不倒”的红色圣地。

血战独树

1934年11月16日深夜，寒气逼人，在鄂豫皖苏区罗山县何家冲何氏祠堂院内的一棵高大的白果树下，一支近3000人的红军队伍奉命向平汉铁路以西挺进，开始了孤军长征。这支队伍就是在鄂豫皖苏区历经第四、第五次反“围剿”斗争严峻考验的红二十五军，军长程子华，政委吴焕先，副军长徐海东。

红二十五军是一支年轻的队伍，除了徐海东等几位领导年龄稍长，绝大多数营连级干部年龄都在18岁以下。曾任中央军委副主席的刘华清，当时担任红二十五军政治部组织科科长，也年仅18岁，大部分战士的年龄在十三四岁。这支部队虽然年轻，但很能打，在他们稚气未脱的脸上，有着那个岁月特有的坚定和刚毅。据说红二十五军有个传统，就是凡是来参加红二十五军的，第一个问题就是问你怕不怕死，你要怕死就不要到红二十五军来。这支“童子军”高举着“中国工农红军北上抗日第二先遣队”的旗帜，越过平汉铁路，进入桐柏山区。

坐镇南京的蒋介石闻讯后，非常震惊，急忙调集30多个团的优势兵力，计划乘红二十五军孤军远征之机加以包围消灭。11月26日，红二十五军进入桐柏山区。此时，国民党军队已大兵压境，红二十五军果断决定掉头北上，经泌阳、方城东部向伏牛山挺进。

红二十五军的计划被敌第四十军军长庞炳勋判中，遂急令第四十军第一一五旅由南阳赊旗镇（今社旗）北返方城之独树镇七里岗、砚山铺一带，迎头堵击红二十五军；驻叶县之第四十军骑兵团也南下保安寨配合堵击；第一一六旅则由新野北上南召，以阻止红二十五军进入伏牛山区；敌“追剿纵队”五个支队和第四十军骑兵第五师均随后紧追。前堵后追，形势对红二十五军十分不利。

11 月 25 日，红二十五军到达泌阳县象河关西北的王店、土凤园、小张庄一带。晚上在击退敌军的一次进攻后，进入方城县境。

11 月 26 日，寒流突袭，气温猛降，阴冷的天空瞬间变得昏暗起来，寒风裹着雨雪铺天盖地而来。下午，风雪越来越大，红二十五军战士单薄的衣服早已被雨雪浸透，许多战士的草鞋被烂泥粘掉，只好赤脚行军。下午 1 点，红二十五军前梯队抵达方城县独树镇七里岗，准备由七里岗穿过许（昌）南（阳）公路向北进入伏牛山区。

独树镇七里岗，是伏牛山东麓向南延伸的一道土岗，西连平原，东临河流，岗西平缓，岗东陡峭。许南公路穿岗而过，形成一个易守难攻的人工地堑。

而在上午，国民党第四十军第一一五旅二二九团、二三〇团、骑兵团已经部署在七里岗附近，形成一条东西长 10 里的弧形堵击线，对许南公路形成完全封锁。

饥寒交迫、装备极差的红二十五军，与装备精良、弹药充足的国民党第四十军实力悬殊，仅第四十军一一五旅，就有战斗员 2400 余人，战马 305 匹，步枪 1800 多支，重机枪 22 挺，迫击炮 12 门。最为可怕的是，面对即将到来的危险，红二十五军战士浑然不知，依然顶风冒雪，埋头挺进。

下午 1 点，红二十五军前梯队二二四团正要接近许南公路时，埋伏在公路两侧的敌军向红二十五军突然发起猛烈攻击。遭遇突袭的红二十五军二二四团有些措手不及，但仍然奋力抵抗。由于天寒地冻，红军战士手指被冻僵，拉不开枪栓，只能零星抵抗。在敌军炮火猛烈攻击下，红军战士只好边战边退。

下午 3 点，敌军发起全面攻击，炮弹在四面八方爆炸，投射出耀眼的光芒，把昏暗的天空照耀得如同白昼。伴随着剧烈的爆炸声，红军战士倒下一大片。轰鸣过后，狼烟滚滚，烽火四起。紧接着哒哒哒的枪声又响成一片，呼啸的子弹划破了飘着雨雪的天空。年轻的红军战士英勇搏斗，但面对强敌，只能节节败退，敌军依仗地形和装备的优势，气势汹汹地从两翼向二二四团包抄过来。

情况万分危急，突然，红二十五军政委吴焕先带领二二五团三连赶到，他举枪高呼："同志们，冲上去顶住敌人，决不能后退！"话音未落，吴焕先随即从交通队员身上抽出一把大刀，振臂高呼："共产党员跟我来！"然后勇猛地朝敌军扑去。红军战士士气大振，举刀跟着吴焕先冲入敌阵，与敌军展开白刃搏斗。顿时杀声震天，红军战士的鲜血染红遍地白雪，敌军也横尸遍岗。吴焕先政委虽腿部负伤，鲜血直流，仍坚持指挥红军反击。刘华清在白刃刺杀的格斗中，多处受伤，仍然挥刀忍痛砍杀，最后被抬下战场。

厮杀正酣之时，红二十五军副军长徐海东带领后梯队二二三团快速冲入了七里岗阵地。经过一番恶战，终于把敌军击退，并攻占了有利地形。敌军并不甘心，以整连整连的密集队形潮水般地反扑过来。红二十五军凭借有利地势，浴血奋战，一次又一次地把敌军顶了回去，始终牢牢控制着阵地。

激战至天黑以后，风雪转为大雨，红二十五军乘机撤到有利地形处——独树镇张庄村附近，但敌军不断增援，如不及时采取行动，红二十五军将陷入敌军 20 多个团的包围之中，后果将不堪设想。红二十五军军部召开紧急会议，决定连夜突围。深夜，在当地老乡的带领下，红二十五军冒着雨雪，连夜绕道悄然越过了许南公路。27 日拂晓，红二十五军冲出包围圈，抵达伏牛山东麓，继续西进。

独树镇战斗，红二十五军近百名将士英勇牺牲，200余人身负重伤。独树镇战斗粉碎了蒋介石企图将红二十五军围歼于长征途中的阴谋，保存了红军的有生力量，为红二十五军胜利完成战略转移，先期到达陕北，迎接党中央和主力红军北上奠定了基础。毛泽东同志认为，独树镇战斗红军以一打十，甩掉敌人，胜利转入陕南，是一个可与历史上的昆阳之战与火烧博望之战相媲美的以少胜多的经典战例。血战独树镇与四渡赤水河、巧渡金沙江、飞夺泸定桥等被并列为红军长征中的著名战例而载入长征史册。

救亡狂潮

——“一二·九”运动在河南

1931 年 9 月 18 日晚上 10 时 20 分，随着沈阳北郊柳条湖附近南满铁路上的一声爆炸，日本关东军精心策划、蓄谋已久的九一八事变爆发了。由于蒋介石和国民党政府奉行不抵抗政策，日军在短短的 4 个多月里侵占了东北三省，并建立了伪满洲国，东北彻底沦陷。

为了实现侵占全中国的阴谋，日本侵略军迫使国民党政府先后与其签订了《塘沽协定》《秦土协定》《何梅协定》等一系列丧权辱国的卖国协定。中国在东北、华北的主权大部分丧失，中国局势万分危急。

1935 年 10 月 1 日，正在长征途中的中华苏维埃共和国中央政府和中国共产党中央委员会发表了《中国苏维埃政府、中国共产党中央为抗日救国告全体同胞书》，号召全国人民起来抗日救国。

1935 年 12 月 9 日，在中国共产党的组织和领导下，北平爆发了轰轰烈烈的反对华北自治、反抗日本帝国主义的“一二·九”抗日民主运动。北平学生的爱国运动得到了全国各地的支持和援助，一场波澜壮阔、声势浩大的全国性抗日救国学生运动席卷中华大地。

北平“一二·九”运动爆发的消息在当天就传入河南省府开封，这座拥有数十所学校的古城立即沸腾起来。12 月 9 日当天，河南大学学生即以快邮代电的形式通电全国：国难方殷，外患未已，凡具血气，悉感沦亡。……须知国家生存，端在土地完整，政治设施，尤贵主权统一。

华北之存亡，攸系全局，屏番之去留，大关国运。……同学等读书原期报国，钻研未忘救亡。听谎言谬论纷纷，不胜痛恨，睹阴云毒雾重重，莫名愤慨，急起直追，誓反自治运动……通电慷慨激扬，义正词严，对国民党当局的卖国行径进行了无情批判。

12 月 13 日，河南省立水利工程专科学校全体学生发表通电，要求政府保障爱国学生权益，制裁镇压学生运动的罪魁祸首。12 月 18 日，河南大学学生再次发表通电，呼吁“援助平市爱国运动”“消灭一切汉奸”。12 月 19 日，北仓女中召开各级代表及学校干事会、监察会全体职员大会，一致通过了慰问北平学生的电文。

12 月 19 日，在开封地下党组织和进步人士的组织号召下，开封各大中学校校长在省立开封女子师范学校集会。省立开封女子师范学校是一所具有先进思想的进步学校，五四运动时期，这里的学生就第一时间召开国耻大会，率先在河南掀起了轰轰烈烈的五四运动。集会很快达成共识，一致决定于 21 日举行开封学生示威游行大会。

12 月 21 日上午，寒风凛冽，滴水成冰，但开封河南体育场却是一番火热景象。开封 40 多所公立、私立中等以上学校的一万多名学生，云集河南体育场举行反对华北自治大会。大会一致通过反对伪华北自治、声援慰问北平学生等提案，并发表了《开封中等以上学校反对伪自治大会宣言》。大会结束后，上万名学生举行了声势浩大的示威游行。游行队伍高呼口号，途经全城主要街道，沿途群众被游行学生的热情感染，无不义愤填膺。

12 月 23 日，学生的爱国热情持续高涨。当天上午，开封 30 多所学校的万余名游行学生，排着整齐的队伍来到省政府门前请愿，向当局提出五条要求：请转呈中央明令严惩北平屠杀学生之凶手，并保证以后永不发生同样事件；请中央积极抗日；请转呈中央保护学生的爱国运动；请转呈中央抚恤死亡学生；请转呈中央公开宣布外交方针。国民党河南当局无奈接受了学生请愿书。

为了进一步推动学生运动发展，当天下午，开封各校派出学生代表举行代表大会，决定成立开封学生救国联合会，自即日起实行罢课，罢课期间进行爱国宣传。开封的大街小巷激荡着学生们抗日救亡的爱国热情。

与此同时，一场声势浩大、席卷开封乃至整个河南的学生抗日救亡运动正在河南各地如火如荼地进行着。

12 月 20 日，古城洛阳，省立洛阳第八中学发表《告全国同胞书》。之后，洛阳初级中学、洛阳师范、明德中学、河洛中学、复旦中学等学校学生在西工运动场集会，声援“一二 · 九”学生运动。集会后，学生不顾军警的阻拦，上街游行示威，并到洛阳火车站，要求南下请愿。

12 月 23 日，焦作工学院、焦作中学、太行中学等大中小学共数千人，与铁路、煤矿工人及市民一起，汇集到焦作中山公园，宣布成立焦作市学生联合会，并决定由焦作工学院全体学生代表焦作市学生联合会，赴南京向国民党政府请愿，敦蒋抗日。

12 月 25 日，许昌县立师范学校、许昌灞陵中学等校的青年学生和备受帝国主义经济侵略的广大烟农、工人，在许昌地下党的组织领导下，冒着刺骨的寒风，在国民党当局许昌行政公署门前举行了声势浩大的游行示威，抗议日本帝国主义的侵略，反对卖国投降，反对华北自治，同时组织烟农同许昌英美烟草公司展开斗争。

在开封，面对爱国学生的要求，国民党河南省政府迟迟没有答复。12 月 26 日上午，开封近 40 所学校的万余名学生，在开封学生救国联合会的领导下，再次集聚到河南省政府门前，要求答复请愿条件。但是，负责接见学生代表的当局有关负责人却予以推诿。愤怒的学生决定坐火车到南京向国民党中央政府请愿。

浩浩荡荡如长蛇般的游行队伍向开封南关火车站进发，沿途街道水泄不通，游行口号连声震天，蔚为壮观。一个多小时后，小小的南关火车站成为学生的天下，铁轨上、月台上、候车室等到处挤满了要求拨出车皮到南京请愿的学生，陇海铁路因此断行。天黑以后，学生的要求一直没有得到当局的回应，学生坚持冒着严寒夜宿车站，由此拉开了连续四天四夜的卧轨请愿斗争。

12 月 28 日早晨，天气骤变，寒流突袭，大雪纷飞。请愿的学生忍饥挨饿在冰天雪地里坚持斗争，不少学生因此病倒。开封学生的爱国壮举，感动了开封各界人士，也震惊了国民党南京政府，国民党南京政府只好派代表到开封答应学生的请愿要求。

开封及整个河南学生的爱国行动，有力声援了北平，是全国“一二·九”运动的重要组成部分，宣传和教育了广大群众，为即将到来的河南抗日救亡斗争打下了良好的群众基础，也由此推动了全民抗战时代的到来。

竹沟事变

抗日战争爆发后，确山县城西35公里位于桐柏山腹地一个依山傍水、风光秀美的小镇，随着一批批革命者和革命军人的到来逐渐变得热闹起来。

最先来到竹沟的是彭雪枫。1938年2月，彭雪枫以八路军总部少将参谋处长的名义，来到竹沟担任河南省军事部长兼统战委员会主任，全面主持竹沟抗日工作。他一到竹沟，就同聚集在这里的中共豫南特委和四支队八团的领导人王国华等人掀起了军民联合建设新竹沟的活动。

1938年5月，由于徐州失守，中共河南省委由开封迁往竹沟。1938年11月，中共中央六届六中全会决定撤销中共中央长江局，在竹沟建立中共中央中原局，指导长江以北湖北、河南、安徽、江苏地区党的工作。

1939年1月28日，化名胡服的刘少奇同志从延安来到竹沟，担任中共中央中原局书记。在刘少奇同志的领导下，竹沟的革命队伍迅速得到壮大，竹沟发展成为中原地区党的领导中心和发动中原抗日游击战争的“司令部”，被誉为“小延安”。

竹沟革命活动的红火和特殊的地理位置激起了国民党反动派的极大恐慌和极端仇恨，他们多次蓄意在竹沟制造摩擦，并向国民党中央政府恶意中伤竹沟。刘少奇敏锐地察觉到这一点，他向中央建议，竹沟党政指挥机关和武装力量应该逐步撤离竹沟，转移到苏皖和豫鄂边敌后。

经中央同意，10 月中旬，中原局机关和部队上千人先后撤离竹沟到达苏皖地区和四望山根据地。留下王国华等人，带领近 200 人的后勤人员，以新四军八团留守处名义在竹沟坚持斗争。

1939 年 10 月，蒋介石、汤恩伯任命国民党第三十一集团军司令部少将参议耿明轩为进攻竹沟的总指挥。11 月 11 日，耿明轩调集近 2000 人的兵力围攻竹沟，制造了一起震惊中外的“竹沟事变”（又称“确山惨案”）。

11 月 11 日黎明时分，耿明轩先期派出一支 100 余人的敢死队，装扮成普通老百姓，诈称押送国民党六十八军壮丁队去泌阳，强行通过竹沟东寨门。过寨门时，其中数十名敢死队员突然冲上东寨门楼，将守卫东寨门楼的 10 多名战士全部杀害。其他敌人迅速向镇内留守处机关靠近，妄图出其不意占领留守处。

情况万分危急，正在准备早饭的留守处警卫部队炊事班厨师突然觉察到敌情，迅速拿起武器，英勇抵抗，竹沟保卫战打响了。竹沟留守处部队和全镇军民在王国华等人的带领下，迅速对敌展开英勇反击。这时，守候在城外的敌军不断从东寨门增援。我军一中队后备队战士全部登上房屋，与进寨敌人进行逐屋逐院的争夺战。同时，守卫在寨东南、东北两座炮楼上的警卫战士也向敌军开火，把敌军封锁在东门，敌军只能占据着东寨楼负隅顽抗。

敌军进攻受挫后，改变进攻路线，企图从北寨墙豁口攻入寨内。他们调集 400 多人在机枪掩护下疯狂强攻豁口。北门守备部队在群众的支援下进行猛烈反击，敌军始终不敢接近寨墙。

当天上午，敌军发起对竹沟西门的攻击，守卫在西寨墙的我军二中队指战员居高临下，英勇反击，连续毙敌 10 余名，打退了敌人的进攻。傍晚，在我军猛烈反击下，入寨之敌士气低落，仓皇逃出寨，东寨门收复，寨墙外的敌人全部停止进攻。

12日，敌人重新调整部署，不再进攻竹沟，而是派出两个中队进攻竹沟镇外毛家棚中原局印刷厂。中原局印刷厂60余名职工在16名警卫人员的掩护下，与敌军周旋，除一名职工遇害外，其余全部安全转移。12日下午，竹沟留守处和河南省委领导审时度势决定午夜突围，进行转移。当夜10时许，留守处近500人冒雨分三批从西寨门突围。在沿途群众掩护和地下党协助下，他们于13日上午到达预定地点桐柏龙窝，与先期到达的中原局印刷厂职工会合，粉碎了国民党反动派企图将竹沟留守处全体人员“一网打尽”的阴谋。

得知竹沟留守处大部分人员撤离，13日上午，敌军完全占领竹沟，进寨后开始了一场血腥屠杀和抢掠，没来得及撤离的新四军干部、战士、伤病员、家属及革命群众共200多人被杀害。

“竹沟事变”是以蒋介石为首的国民党顽固派在抗战时期破坏抗日民族统一战线，在河南发动的最大规模的一次武装围攻和反共大屠杀，使党组织和民众抗日武装力量受到严重损失，而且使豫皖苏、豫鄂边区抗日根据地失去了可靠后方。

“竹沟事变”激起了全国抗日军民的极大愤慨。毛泽东、朱德、刘少奇、张云逸、朱理治、彭雪枫先后发表演讲和通电，谴责国民党顽固派的罪恶行径。《新中华报》《抗敌报》《拂晓报》等报刊先后发表文章和社论，对国民党顽固派的反动行径进行揭露和抨击。

中流砥柱

——敌后战场中原抗战根据地

1937 年 7 月 7 日，驻华日军在卢沟桥制造了震惊中外的七七事变，日本全面侵华战争开始。

中原地区自古就是兵家必争之地，河南是抗日战争中的重要战场。1937 年 11 月，日军从安阳自北向南侵入河南后，国民党政府坚持片面抗战路线，采取单纯防御的作战方针，消极避战，因而使正面战场的 100 多万国民党军队在几十万日军的进攻下出现节节败退甚至一触即逃的大溃退局面。1938 年 6 月，震惊中外的郑州花园口黄河决堤事件更是消极作战的典型。

国民党的消极抗战，致使河南 100 多座县城相继沦入敌手，河南人民惨遭日寇蹂躏，80 万人直接死于日军枪下，全省战后人口比战前减少近 600 万人，损毁房屋 1800 多万间，损失粮食 2 亿多公斤，财产损失达 14 万亿元。

抗日战争全面爆发后，中共中央制定了独立自主地开展敌后游击战争，广泛发动群众，实行人民战争的战略方针。抗日战争进入相持阶段以后，日军基本上停止了对国民党正面战场的战略进攻，将进攻重点逐步转向敌后抗日根据地，进行频繁的大规模“扫荡”，采取分割、封锁、“蚕食”的方针，实行灭绝人性的杀光、烧光、抢光的“三光”政策，推行“治安强化运动”。

为加强对中原抗战的领导，中共中央和毛泽东同志又先后派遣彭雪枫、张爱萍、刘少奇、李先念等一大批干部到河南开展工作，反“扫荡”、反“蚕食”与反封锁，成了敌后抗日根据地军民反抗日伪军的主要斗争形式。

1937年9月中旬，中共河南省委在开封正式建立。为领导全省人民抗战，中共河南省委大力发展党员，建立健全各级党组织，到1938年10月，全省党员已发展到8000余人（不包括豫北），比一年前省委建立时增加了50倍。中共河南省委和各地党组织积极开展统一战线工作，先后与国民党爱国将领建立了各种统战联系，收编了一些土匪武装，争取了一大批枪会会员参加联庄队、自卫队等群众抗日自卫武装。统一战线工作的开展，使河南党的组织和人民的革命力量得到了大发展，为在全省实现全民抗战创造了有利条件。

中共河南省委和各地党组织积极开展抗日救亡活动，宣传和组织民众，以各种名义在各地开办抗日训练班，培训民众运动骨干，100多个抗日救亡团体深入全省广大城乡宣传、发动民众。1938年夏，在全省形成了抗日救亡群众运动的高潮。全省各种救亡团体达500余个，仅黄河以南地区就有9万多农救会员、3万多青救会员，民众自卫武装达数十万之多。这些救亡团体汇成抗日救亡的洪流，在救亡运动中发挥了巨大作用。

中共河南省委和各地党组织领导全省广大人民配合挺进敌后的八路军、新四军主力，广泛发动敌后游击战争，创建敌后抗日根据地，先后在日军占领区创建了晋冀豫（太行）抗日根据地、晋豫边（太岳）抗日根据地、冀鲁豫抗日根据地、豫皖苏抗日根据地、鄂豫边抗日根据地和豫西抗日根据地等。

晋冀豫（太行）抗日根据地。包括豫北平汉铁路以西、博爱以东之林县、辉县、博爱等县，1940年6月改称太行军区，到1944年10月，辖8个军分区、17个团。

晋豫边（太岳）抗日根据地。1938年4月，八路军晋豫边游击支队成立，在邵原等地痛击日军，开辟了济源、沁阳、孟县及晋南地区在内的游击根据地，属晋冀豫军区。1940年5月，太岳军区成立。1944年，发展到5个军分区、10个团、8个支队。

冀鲁豫抗日根据地。1938年8月，八路军进入冀鲁豫平原。1940年4月冀鲁豫军区成立，到1944年10月，发展为12个军分区、25个团、4个支队。豫北平汉铁路以东、豫东新黄河以东都属冀鲁豫区。

豫皖苏抗日根据地。1938年10月，彭雪枫由竹沟率部东进，到1940年7月，已初步形成以永城书案店为中心的抗日根据地，豫东陇海铁路以南、新黄河以东均属该区。后彭雪枫部改编为新四军第四师，第四师转至津浦路东，豫东归冀鲁豫区领导。1944年9月，第四师回师豫东，恢复了豫皖苏抗日根据地。

鄂豫边抗日根据地。1939年1月，李先念由竹沟率领一部分干部、战士南下，开始了创建鄂豫边革命根据地的斗争。1941年5月，李先念部改编为新四军第五师。1945年8月，鄂豫边军区发展到9个军分区、27个团、28个总队。信阳、正阳等县均属其领导。

豫西抗日根据地。1944年夏中原会战后，豫西大部分国土沦陷。7月，皮定均率八路军1700余人进入豫西。1945年2月，以王树声为司令员的河南军区成立。到8月，已建立6个军分区，辖6个支队12个团。

在抗日根据地，地方党组织发动武装群众，开展敌后游击战争，建立抗日民主政权，并逐步确立了中国共产党在中原地区的抗日领导地位。各敌后游击战在抗日战争中发挥了中流砥柱的作用，敌后战场逐渐成为中国抗日战争的主战场。

从1941年3月到1942年秋，日军对太行、太岳、冀鲁豫等抗日根据地先后进行了五次“治安强化运动”，对根据地实行杀光、烧光、抢光的“三光”政策。国民党政府在日本侵略者的诱降下不断制造各种反共摩擦事件，掀起了三次反共高潮。1941 年至 1943 年，全省又连续发生了旱灾、涝灾、蝗灾等严重的自然灾害。日伪顽的军事进攻和经济封锁，使河南各敌后抗日根据地进入最困难的时期。

为克服严重困难，河南各根据地军民在党中央的正确领导下，进行了顽强的斗争。在粉碎日伪顽军事进攻的同时，大力开展了抗日民主根据地的政权建设、经济建设、文化建设、减租减息群众运动和大生产运动，战胜了严重困难，巩固了抗日根据地。1943 年以后，八路军太行、太岳、冀鲁豫军区部队在人民群众的配合下，发起了林南、卫南、豫北等战役，开展了局部反攻，收复了豫北大片国土，敌后战场开始逐步扭转困难局面。

卫南战役

卫河，豫北大地的母亲河。它发源于河南辉县太行山南麓苏门山下的百泉池，经新乡，过淇县，绕滑县，入浚县，通京津，注渤海。作为隋唐古运河的一部分，千百年来卫河两岸无数城镇因河而兴。滑县道口曾因卫河而成为帆樯林立、商贾如云、有“小天津”之美誉的名埠。然而，卫河两岸的繁华和富庶因日寇的入侵戛然而止。在抗日战争时期，这里发生了一次著名的卫南战役。

1943 年 4 月，国民革命军新编第五军军长孙殿英和国民革命军第二十四集团军总司令庞炳勋率部向日军投降，庞炳勋、孙殿英部新编为伪暂编第二十四集团军，配合日军第三十五师团一部，于 7 月上旬侵占太行抗日根据地的林县地区和冀鲁豫抗日根据地卫河以南地区。

1943 年 6 月，国民党豫北专员、国民党冀鲁豫边区游击指挥官杜淑也成为日本人的走狗，被任命为新编日伪军第六军军长。为了向日军邀功，1943 年 7 月初，杜淑率领伪军窜犯到冀鲁豫抗日根据地卫河南岸滑县、长垣之间的焦虎集、瓦岗集地区，不断袭扰抗日根据地军民，烧杀抢掠，无恶不作。由于驻扎在冀鲁豫边区附近的伪军总数达到 10 万人，几乎是冀鲁豫边区八路军的 3 倍，又加上有日军撑腰，杜淑部伪军气焰甚为嚣张，几乎每隔一段时间就要进攻一次冀鲁豫边区。冀鲁豫边区军民忍无可忍，决定狠狠教训一下这股伪军。冀鲁豫军区司令员杨得志、政治委员黄敬，根据八路军总部统一部署，决定抓住伪军孤军深入、兵力分散及内部派系矛盾突出等有利时机，集中兵力，一举歼灭卫南伪军。

7月的卫河南岸，一马平川，正是玉米、高粱生长季节，青纱帐一望无垠。7月30日凌晨，日伪军杜淑率主力2000余人又像往常一样，向冀鲁豫军区只有驻军千人的官桥一带发动侵袭。殊不知一张大网正在慢慢收紧。

驻扎在官桥的冀鲁豫军区四分区新编第四路军，为了迷惑敌伪军，只守不攻，制造出勉强抵抗的假象，诱使敌伪军兵力向官桥集中。等敌伪军全部进入预定包围圈，埋伏在青纱帐里的冀鲁豫军区十六团、二十一团迅速从两翼向其侧后包围，突然出击，给敌伪军来了一个“瓮中捉鳖”，毙敌240余人，俘伪团长以下840余人，缴获1000多支步枪和一部分弹药，敌伪军仓皇逃窜，我军初战告捷。

7月31日，突降大雨，卫河水势大涨，卫南一片泽国。当夜，雨后的卫南漆黑一片，冀鲁豫军区第十六团、第二十一团各派出一支精干部队，在骑兵团的配合下，采取远距离夜间奔袭，突然出现在敌四十六师师部焦虎集，炸开寨墙，冲进集内与敌伪军展开白刃格斗，经过激烈巷战，消灭敌伪军1600余人。

接连受挫的杜淑一面急忙命令各分部加强防范，一面向伪第二十四集团军求援。但是伪第二十四集团军庞炳勋、孙殿英部内部派系斗争激烈，矛盾重重，谁也不愿派兵增援。杨得志司令员、黄敬政委决定趁敌伪军内斗之时，速战速决。8月2日夜，冀鲁豫军区四分区部队强袭了驻扎在瓦岗集的伪独一旅。经过一夜激战，到3日上午，全歼伪独一旅，毙伤敌600余人，俘虏伪旅长以下1000余人。

伪杜淑部虽遭此打击，并不甘心失败，仍然盘踞在袁庄、大范庄一带，伺机反扑。为了彻底消灭敌人，冀鲁豫军区进行了严密的战斗部署。8月19日夜，新编第四路军、卫河支队在袁庄向伪军发起了佯攻。凌晨1时多，大范庄的援敌开始出动，进入了八路军十六团、二十一团的伏击圈，一时枪声大作，炮弹纷飞。枪林弹雨中，十六团、二十一团指战员端着刺刀与敌伪军进行激烈的白刃战，敌伪军招架不住，撤回大范庄。之后，十六团、二十一团又集中主力猛攻袁庄之伪军，迫使守军投降，全歼伪军第七师残部及独立第二旅，俘伪师参谋长以下 2200 余人。此次战斗，二十一团团长李亚峰光荣牺牲。

部队休整一天后，第四军分区部队乘胜向杜淑部暂编第六军军部驻地大范庄发起总攻，歼灭其一部。因怕被全歼，杜淑部残部向卫河以西溃逃，战役结束。

卫南战役共歼敌 5600 余人，缴获轻机枪 30 余挺、枪支 5000 余支，沉重打击了伪军的嚣张气焰，被侵占的卫南地区完全收复，新建了卫南、滨河和滑县三个抗日民主政权。这次战役的胜利，给进犯冀鲁豫抗日根据地的日伪军以歼灭性打击。日伪对卫南抗日根据地“扫荡”和“蚕食”的阴谋遭到彻底失败，极大地鼓舞了冀鲁豫抗日根据地军民的抗战士气，扩大了共产党、八路军在群众中的影响，为冀鲁豫抗日根据地军民由战略防御转入战略反攻奠定了良好的基础。

林南战役

林县（今林州）位于太行山东麓，晋、冀、豫三省交界处，历来是兵家必争之地。1943 年 4 月，侵华日军向林县发动进攻，驻防林县的国民党新五军军长孙殿英，面对日军飞机、大炮的狂轰滥炸，为了活命，投降日军，成为可耻的汉奸。半个月后，国民党第二十四集团军总司令庞炳勋也在山西陵川率部投敌成为伪军。两支部队合编为伪暂编第二十四集团军，庞炳勋任总司令，孙殿英任副总司令。两人沆瀣一气，盘踞于平汉铁路新乡至安阳段各要点及两侧地区，积极配合日军进攻太行和冀鲁豫抗日根据地。

1943 年 7 月，位于平汉铁路以西的伪第二十四集团军暂编第五、第七军和太行保安队共 2 万余人，在日军配合下，侵占林县城及其周围地区，建立了日伪政权。日伪部队经常窜出林县城抓丁抢粮，并制造了枪杀 30 多名八路军战士的“李家庄惨案”。同时，日伪军不断在林县扩充兵力，驻扎部队，妄图以林县城为基地，继续向八路军太行根据地进攻。

为粉碎日伪军在太行山南部扩张的企图，巩固扩大太行山南部抗日根据地，八路军总部决定集中第一二九师、太行军区、冀南军区一部兵力，由一二九师参谋长李达统一指挥，发起林（县）南战役，消灭盘踞在平汉铁路以西、太行山南部地区的伪第二十四集团军庞炳勋、孙殿英部主力。

1943 年 8 月 18 日零时 30 分，伴随着绵绵秋雨、茫茫夜色，林南战役打响了。一二九师参谋长李达采取阻援打围战术，将参战部队 13 个团划分为东、西两个集团。西集团包围林县城，并集中主力向林县城及城西、城北外围据点发起进攻。中午时分，将伪第二十四集团军前敌指挥部和太行保安司令部摧毁，敌伪总指挥负伤潜逃，参谋长被击毙，林县城伪军全部被歼，驻林县日军也被包围，只好退守据点待援。

8 月 19 日，西集团冒着增援日军飞机的狂轰滥炸，又攻克林县城西多个日军据点。与此同时，东集团也先后攻占林县城北多个日军据点。到 19 日晚，除南关日军一个据点外，林县城及附近据点全部被攻克。

8 月 20 日，为进一步扩大战果，一举消灭敌人，八路军东、西两个集团乘胜南下，在林县东南部痛击庞炳勋、孙殿英部。伪第二十四集团军部队兵败如山倒，纷纷向东逃窜到平汉线附近。一些曾被日伪军占领的城镇，重新被八路军收复。

大伤元气的庞炳勋、孙殿英只好向日军求援。8 月 24 日，在庞炳勋、孙殿英的一再哀求下，日军分别从安阳、辉县派出 1400 余人的部队向林县增援。

8 月 26 日，两路日军在临淇会合后，攻占了林县城南原康乡，一路向西进发。在李达指挥下，八路军对日军实施沿途追击，迎头阻击，日军伤亡严重，只好撤退。八路军依然紧追不舍，走投无路的日军被迫连夜渡淇河向林县撤退。时值大雨滂沱，山洪暴发，渡河的日军被洪水吞没了百余人。由于八路军已达到战役目的，于是停止追击，历时 9 天的林南战役遂宣告结束。

林南战役是太行山地区继百团大战之后最大的一次战役。林南战役共歼灭日伪军 7000 余人，击落日机 1 架，缴获山炮 1 门、迫击炮 20 门、轻机枪 83 挺、步枪 3118 支，攻克与收复据点 80 多处，解放了林县以南、辉县以北拥有 40 余万人口的广大地区。

奇袭八公桥

濮阳县八公桥镇是豫东北黄河故道上一个普普通通的集镇。抗日战争时期，这里发生了一场著名的“奇袭八公桥”战役，从而让这个黄河岸边的小镇在中国军事史上留下浓墨重彩的一页。

1943 年，日伪军对冀鲁豫抗日根据地实行大规模的“扫荡”和“蚕食”，豫东北、鲁西南的部分根据地被日伪军占据，他们疯狂地烧杀抢掠，给冀鲁豫边区造成严重威胁。其中，国民党降将、伪第二方面军总司令孙良诚率领 2 万多伪军，侵占了冀鲁豫边区中心区域的濮阳及周边广大地区，并把司令部设在濮阳东南八公桥，而且以此为中心，修建了 100 多个大小据点，对冀鲁豫根据地造成了严重威胁。

为了彻底粉碎敌人的“蚕食”，坚决拔掉侵入冀鲁豫边区中心区的孙良诚部，1943 年 11 月初，冀鲁豫军区司令员杨得志召开军区团以上干部军事会议。会议研究决定，采用“掏心战术”，以勇猛神速的动作，发动奇袭八公桥孙良诚部司令部的战斗，“攻克八公桥，活捉孙良诚”。

孙良诚的伪第二方面军兵力雄厚、武器精良，设在八公桥的司令部更是寨墙高筑，碉堡密布，且有重兵把守。由于伪第二方面军总部机关八大处都在八公桥，为了保护伪总部机关，在八公桥周边驻守着伪三十八军、伪第五军、伪第四军，对八公桥形成拱卫之势。要拿掉八公桥绝非易事。正因如此，孙良诚自以为八公桥固若金汤，坚不可摧，也变得不可一世。

根据军事部署，冀鲁豫军区第二、第三、第四、第五军分区的主力部队，战前向濮阳县东南地区集结，远离八公桥，佯作向东进攻态势，以麻痹孙良诚部。而担任主攻任务的冀鲁豫军区第二军分区七、八两团，则向八公桥方向隐秘急行军。

11 月 16 日黄昏时分，经过两天的隐秘行军，第二军分区七、八两团到达八公桥附近。部队稍作停顿，只待天黑以后分路奔袭八公桥。

太阳慢慢沉下西山，天色变得越来越暗。突然，天公作美，狂风大作，黄沙漫天，顷刻间伸手不见五指。在当地情报员和侦察员的引导下，部队悄无声息地越过多个伪军据点，神不知鬼不觉地通过了伪军多道封锁线。午夜时分，部队赶到八公桥预定地点，进入战前准备状态。战斗指挥部设在八公桥东北 1 里的史家寨，冀鲁豫军区司令员杨得志亲自坐镇指挥。

夜黑风高，寒气逼人，八公桥的守敌根本想不到这样恶劣的天气八路军会前来偷袭，所以放松了戒备，早早进入了梦乡。守寨的哨兵也躲进碉堡里打牌、取暖，寨墙上只有很少的哨兵和更夫。

22 时，挂在史家寨指挥部枣树上的信号灯亮了，这是事先约定的进攻信号。负责前沿指挥的第二军分区司令员曾思玉一声令下，偷袭开始。

第二军分区第七团突击队从八公桥东北角秘密扒开木栅栏，悄悄越过第一、二道壕沟，熟练架起云梯，轻轻登上围墙，乘敌不备俘获守寨哨兵。在被俘哨兵的引导下，七团主力迅速摸进伪第二方面军总部司令部，几个正在汽灯下打麻将的伪军官束手就擒，伪司令部被解决。与此同时，第二军分区第八团和基干团分别从八公桥西南角和东南角成功偷袭。攻城战士按照事先划好的作战区域，快速穿插，将守敌分割包围，发动猛烈攻击。此刻，枪声、爆炸声、喊杀声震天动地，如梦初醒的敌军仓促应战，但很快被八路军消灭。

战斗进行得相当顺利，到17日中午，孙良诚苦心经营的司令部八大处、特务团、骑兵营被连锅端掉，其兵工厂也被八路军缴获。到17日黄昏时分，八公桥战斗胜利结束。

八公桥战役击毙敌伪军数百名，活捉了伪参谋长，俘虏伪官兵3200余名，缴获一大批轻重武器及战马300余匹、粮食数百万斤。由于孙良诚战前去开封开会不在八公桥，侥幸成为漏网之鱼。

攻克八公桥后，为了扩大战果，八路军战士乘胜出击，继续攻占八公桥附近17个伪军据点。其他分区部队也先后拔除大小据点100多个，歼敌数千人。

八公桥战役的胜利，巩固和扩大了冀鲁豫抗日根据地，成为冀鲁豫抗日根据地打破日伪“蚕食”分割、逐步走向大发展的转折点，为抗日战争转入战略反攻创造了有利条件。

豫西神兵

1944 年 9 月 6 日，初秋的太行山秋高气爽，景色迷人，一支刚刚在林南战役中立下赫赫战功的队伍从林县出发，一路穿山越岭，向豫西挺进。这支队伍就是日后在豫西大名鼎鼎的“八路军豫西抗日先遣支队”。司令员就是日后豫西妇孺皆知的“皮司令”——皮定均，政委是参加并领导过确山农民暴动的徐子荣。

1944 年春天，日军发动“河南战役”，几十万国民党军队一触即溃，短短 37 天丢失 38 座县城，河南大部分土地沦陷在日寇的铁骑之下。为了阻止日军西进，保卫大西北战略后方，沟通陕北、华北和华中抗日根据地的联系，中共中央、毛泽东主席决定开辟河南（豫西）抗日根据地。于是，正在太行山革命根据地抗日的皮定均、徐子荣奉命组建“八路军豫西抗日先遣支队”，担当建立豫西抗日根据地的重任。

这支 1700 多人的队伍，从林县出发，一路上多次受到日伪军的围追堵截，9 月 21 日夜强渡黄河，随后又夜过陇海铁路，涉洛河和伊河，9 月 28 日到达嵩山脚下。

巍巍嵩山，耸立中原。嵩岳地区历来为兵家必争之地。嵩山脚下的登封，成为八路军豫西抗日先遣支队到达豫西的第一站。在河南战役中，登封已沦陷。日军占领登封后，决定在登封修建飞机场，作为继续西进的空军基地。修建机场的 2 万多工人，全是日军从周围十几个村庄抓来的农民。为了加快建设进度，日军残酷奴役民工，被打死、饿死、渴死、病死的不计其数，机场工地就是人间地狱。日军机场的修建，不仅不利于全国的抗日形势，而且对建立豫西抗日根据地也是个威胁。到达登封的第二天，皮定均、徐子荣就掌握了登封的情况。因此他们立即决定捣毁这个飞机场，解救被抓民工。

1944 年 9 月 30 日，中秋节的前一天晚上，皓月当空，豫西抗日先遣支队派出一个团的兵力袭击了日军飞机场，全歼日伪军 60 余人，解放了 2 万余民工，炸毁了日军的火药库。顷刻间，日军苦心修建的飞机场灰飞烟灭。

夜袭飞机场让豫西抗日先遣支队名声大振，八路军到豫西抗日的消息也让长期遭受“水、旱、蝗、汤”祸害的豫西百姓看到了希望。豫西百姓编了歌谣赞扬这支队伍：“八月十四月儿明，豫西来了皮司令。夜袭登封飞机场，解放民工两万名。八路军过黄河，日本鬼子不得活。”

10 月 1 日，豫西抗日先遣支队到达嵩山南麓的白栗坪。白栗坪地势险要，易守难攻，群众基础较好，皮定均、徐子荣决定把支队司令部设在白栗坪，并以此为中心发展豫西抗日根据地。

皮定均、徐子荣根据形势将部队分成四路，分派到周边的巩县、荥阳、伊川、偃师、洛阳、密县、临汝等地，开展武装宣传，发动群众抗日，建立基层政权，开展减租减息运动。豫西抗日先遣支队在豫西先后发动数十次战役，沉痛打击了日伪军在豫西的统治。短短几个月的时间，八路军已在豫西建立了偃师、巩县、伊川、登封 4 个抗日民主县政府和伊洛（阳）办事处，建立了牢固的豫西抗日根据地，初步打开了豫西抗日局面。

为加强对河南人民抗日斗争的领导，进一步开辟豫西抗战新局面，中共中央决定建立中共河南区党委、河南军区和河南人民抗日军，任命王树声为河南军区兼河南人民抗日军司令员，戴季英为中共河南区党委书记兼河南军区和河南人民抗日军政委，刘子久为中共河南区党委副书记兼河南军区、河南人民抗日军副政委。

同时，由太岳军区的第十八团、第五十九团等部组成豫西抗日游击第二支队，由司令员兼政委刘聚奎率领，于 1944 年 11 月渡过黄河，打垮新安县地方反动武装，进入陇海铁路新安至渑池段南北地区，在新安、渑池、陕县南北地区建立了抗日根据地。

1945 年 2 月底，在王树声司令员和戴季英政委率领下，在延安组成的河南人民抗日军及豫西抗日游击第三、四支队，到达白栗坪，与豫西抗日独立支队会师，正式成立了河南省委和河南军区，王树声任军区司令员，戴季英任省委书记兼军区政委。豫西抗日独立支队编为一支队兼第一军分区，司令员为皮定均，徐子荣为省委委员、一地委书记兼一支队政委和一军分区政委。1945 年 3 月下旬，太行军区又以第十三团主力为骨干组成豫西抗日游击第六支队，进入河南。

在王树声、戴季英等人的统一领导下，豫西八路军对日伪顽军展开英勇顽强的武装斗争，先后进行了禹西战役、密南战役、伏牛山战役、大冶战斗和大、小金店战斗等 200 多次大小战斗，粉碎日伪顽军的多次“扫荡”和“围剿”，歼灭了大量日伪顽军，胜利完成了开辟豫西的任务。

在河南军区的领导下，豫西地区各基层抗日政权积极改善人民生活，减轻河南人民负担，废除一切苛捐杂税，开展减租减息和“倒地”运动，使大批农民得到了自由，重新获得了土地，改善了生活，深得群众拥护，抗日根据地有了坚强的群众基础。

到 1945 年 8 月，抗日战争胜利前夕，河南区党委和河南军区在黄河以南、京广线以西的广大地区建立了抗日根据地，面积达到 2 万多平方公里，拥有 300 多万人，建立了 6 个军分区、20 多个县政权，豫西八路军主力由原来的五六千人发展到 1.8 万余人。豫西抗日根据地起到了与华东、华北、陕北三大抗日根据地的连接作用，登封也成了全国 19 个抗日根据地的中心之一，被群众称为豫西的“小延安”。豫西抗日根据地为夺取抗日战争的最后胜利立下了不朽的战功。

抗日战争胜利后，党中央以民族利益为重，为避免内战，河南军区部队于 1945 年 10 月 1 日在王树声的带领下，奉命撤离豫西，南下桐柏、大别山区，与李先念率领的新四军五师会师。皮定均和徐子荣领导的一支队，在鄂豫边根据地改编为中原军区第一纵队第一旅，时称“皮旅”。一年后，皮定均和他的“皮旅”创造了中原突围的奇迹。

剩勇追寇

——抗战反攻阶段的重大战役

1943 年底，世界反法西斯战争形势发生了重大变化，中国共产党领导的敌后抗日战争从 1944 年春开始进入战略反攻阶段。在中原大地，八路军太行、太岳、冀鲁豫军区部队在人民群众的配合下，先后发起了水林、清丰、豫北、济垣、道清、安阳等战役，收复了豫北大片国土，迎来了抗日战争的最后胜利。

水林战役发生在 1944 年 4 月。李达领导的太行军区第五、第七军分区发起水（冶）林（县）战役，共歼伪军 900 余人，迫使伪军弃城逃窜，太行军区部队随即收复林县城及水林公路沿线日伪据点。

清丰战役是一场充满传奇色彩的战役。1944 年 5 月 29 日晚 10 时，冀鲁豫军区第八军分区第七团向被日伪军占领的清丰县城发动进攻，仅用半天时间，到 5 月 30 日上午 10 时，全歼守敌，并击毙了到清丰县城参加日军联络官例会的 7 名日军顾问，俘虏了 10 名日军顾问、13 个县伪县长、40 余名伪警察所长，解放了清丰全境。清丰战役是冀鲁豫平原抗战的一次重大胜利，它毙俘日伪军人数多、官阶高、牵涉面广、影响大，使敌人遭受了沉重打击。

济垣战役发生在太行山下、愚公故里。1944 年 6 月，太岳军区以第四军分区第十八团、基干二团为主，在济源、王屋山一带发起了济（源）垣（曲）战役，毙、伤日伪军 800 余人，攻克据点 28 处，控制了 70 多公里长的黄河渡口，为太行、太岳军区部队南渡黄河开辟豫西根据地创造了条件。

道清战役是太行八路军由游击战转向运动战的一次成功尝试。1945年1月下旬，为开辟道（口）清（化）铁路两侧的豫北地区，打通太行根据地与豫西根据地的联系，太行军区决心以第七、第八军分区和平原分局党校警卫团等部共4个团又3个独立营的兵力，发起道清战役。战役分三个阶段进行。至4月1日，道清战役胜利结束，共歼灭日伪军2500余人，扩大解放区2000余平方公里，解放人口75万，建立了4个抗日民主县政府，被誉为太行抗日根据地发展史上值得庆贺的胜利。

豫北战役从1945年4月2日开始，到4月30日结束，由太岳军区调集部队，歼灭日伪军2800余人，攻克日伪据点40余处，建立了济源、孟县、沁阳抗日县政府，收复国土1800多平方公里，解放人口80余万，进一步打开了豫北抗战新局面。

安阳战役是抗日战争反攻阶段投入兵力最多的一次战役。1945年6月底，太行军区调集第三、第四、第五、第七、第八军分区的8个主力团、"集总"警卫团和林县、安阳等县的地方武装共1万余人，组成3个支队，在3万多民兵和自卫队的配合下，由太行军区司令员李达、政治委员李雪峰指挥，发起了以肃清安阳城以西近万名日伪军为目标的安阳战役。战役于6月30日开始，7月7日结束，历时8天，共毙、伤日伪军800余人，俘虏及反正、投诚2500余人，击溃伪军900余人，攻克据点30余处，扩大解放区1500平方公里，解放人口35万。

除此之外，在鄂豫边区党委和新四军第五师领导下，豫南游击兵团（后改称河南挺进兵团）在黄霖的领导下，驰骋在豫南平汉铁路沿线，与日伪军进行了数十次战斗，在豫南敌后建立了7个县级抗日政权，开辟了东西70余公里、南北近100公里的抗日根据地，一度打通了与华北八路军的联系。

同时，根据中共中央的部署，冀鲁豫军区先后派出南下大队、军区八团、党校警卫团等部挺进豫东，扩大了水东（新黄河以东地区）根据地，开辟了水西（新黄河以西地区）根据地。彭雪枫率新四军主力从淮北根据地向西挺进，经过两个月浴血奋战，歼灭日伪顽1万余人，恢复了豫皖苏抗日根据地。

据不完全统计，到1944年底，各抗日根据地河南部分的总面积达7.6万平方公里，占全省总面积的44.9%，人口为1320余万，占全省总人口的39.4%。

1945年8月，中国抗日战争进入最后阶段。8月9日，中共中央主席毛泽东发表《对日寇的最后一战》，号召中国人民一切抗日力量立即举行全国规模的大反攻。根据中共中央的指示和命令，豫北、豫东、豫西、豫南各地区的部队、民兵和广大人民群众积极行动，向河南境内的日伪军发动了全面大反攻。

1945年8月15日正午，日本天皇发布《终战诏书》，宣布无条件投降，抗日战争胜利结束。

在抗日战争中，河南各抗日根据地军民先后抗击和牵制了20余万日伪军，对日伪军作战1万余次，毙、伤、俘日伪军及争取伪军反正10万余人，攻克县城40余座，收复国土10多万平方公里，解放人口2000余万，建立了90余个县级抗日民主政府、18个行政专署。河南人民还先后为八路军、新四军输送了10多万子弟兵，其中有2万多人在抗日战争中为国捐躯。河南人民用鲜血和生命谱写了反抗日本侵略者的气壮山河的英雄史诗，为夺取全国抗战胜利作出了巨大的牺牲和重要的历史贡献。

中原突围

1945 年 8 月 15 日，日本宣布无条件投降，中国人民终于取得了抗日战争的伟大胜利。但是，早就对共产党虎视眈眈的国民党反动派，乘机夺取胜利果实，并派重兵向解放区大举进犯，中原地区成为国民党反动派必争之地。

为了加强对中原地区的领导，1945 年 10 月下旬，毛泽东分别电令李先念的新四军五师、王震的三五九旅和王树声率领的河南军区部队 6 万将士会师桐柏，成立中原军区。1945 年 10 月 30 日，中共中央决定建立中共中央中原局，统一领导中原地区的党、政、军。到 1946 年，中原解放区初步形成，下辖 3 个解放区、14 个县，成为中原人民保卫抗日战争胜利果实、进行自卫战争的前哨阵地。

为抢占中原这一战略要地，进而挑起全面内战，1946 年 4 月，蒋介石悍然撕毁《中原临时停战协议》，调集 10 个整编师 30 万兵力，将中原军区部队 6 万余人压缩在以鄂豫交界处大别山区宣化店为中心的不足百里的狭小地区，妄图首先围歼中原解放军，然后再向华中、华北、西北解放区展开全面进攻。

1946 年 6 月中旬，国民党军队完成了对中原解放区围歼计划的部署，并决定 7 月 1 日向中原解放区发动总攻。蒋介石甚至狂妄地宣称，要在 48 小时内消灭“中原共军”。

关键时刻，中原军区遵照中央军委“生存第一，胜利第一”的指示，为保存实力，争取主动，决定于 1946 年 6 月 26 日主力部队分南北两路向西突围，实行战略转移。同时命令第一旅（即“皮旅”）伪装成主力向东行动，以迷惑、牵制敌人，待掩护主力越过平汉线后，自行选择方向突围。

第一旅旅长皮定均、政委徐子荣 6 月 24 日晚即布置部队，佯装向东、东南和东北方向移动，摆出与敌决战姿态，以吸引敌人的兵力，同时抽出一批部队，在夜里悄悄西移，白天则大摇大摆川流不息般向东开进，造成主力向东突围的假象。上了圈套的敌人随即派出大批兵力拼命向东围攻。3 天后，中原军区主力部队已成功向西突围，敌人这才发觉上了当，但调回兵力再去围攻为时已晚。敌军恼羞成怒之下，以轻重火力发狂似的向“皮旅”进行攻击，“皮旅”官兵奋勇地抗击着数十倍于己的敌人，经过多日的顽强阻击，跳出敌人的包围圈，向东进入大别山区，胜利地完成了掩护中原军区主力部队突围的任务。

中原军区主力部队的突围，也同样在与国民党反动派斗智斗勇中显得曲折而艰辛。

1946 年 6 月 26 日，在李先念、郑位三、王震带领下，中原局、中原军区机关和主力部队 1.5 万人选择北路突围，从宣化店向西北方前进。为了迷惑敌人，李先念命令一个旅留在宣化店司令部，照常出操演练。而宣化店大街上依然是人来人往，与往常无异。为探清虚实，住在宣化店的美蒋代表和国民党特务一再提出要见李先念。此时李先念已经率领部队西进近 20 公里，为了继续“演戏”，接到报告的李先念飞马赶回司令部，在规定时间内接见了美蒋代表，并在当晚设宴招待美蒋代表和中外记者。晚宴结束后，李先念连夜赶赴前线，并于 6 月 29 日晚发动突破平汉铁路的进攻。美蒋代表和国民党特务这才如梦初醒，但为时已晚。

李先念领导的北路突围部队 6 月 30 日凌晨顺利通过平汉铁路进入

桐柏山区。气急败坏的蒋介石派出重兵，层层拦截围歼。北路突围部队击破敌军的多次伏击和阻截，不顾劳累，日夜兼程，夺取渡口，飞渡唐河、白河，跨过豫西南平原，插入伏牛山南麓。7月12日，中原军区主力部队胜利进抵内乡、淅川、荆紫关等预定地区，计划强渡丹江。

时值汛期，江水滔滔，汹涌澎湃。同时，蒋介石又布置了5个师的兵力封锁沿江要地，妄想在丹江以东全歼中原军区主力。要渡丹江天险，谈何容易！

7月14日，在当地群众的帮助下，中原军区将士冒着敌机的轰炸扫射，手拉着手跳进丹江激流，于15日拂晓前全部胜利过江，抵达淅川以西的梅家铺地区。

7月底，中原军区主力部队到达陕南，按照党中央指示，开始了创建豫鄂陕革命根据地的斗争，中原军区北路突围主力部队胜利完成战略大转移任务。

而中原军区南路突围部队1万余人，也于1946年6月26日在中原军区第一纵队司令员、政委王树声带领下，从光山县出发，向西南突围。

由于北路突围部队6月30日突破平汉铁路，敌军加强了对平汉铁路全线的戒备和封锁。7月1日凌晨，南路突围部队在湖北孝感王家店向平汉铁路封锁线发起进攻，遭到敌军3个师兵力的疯狂堵击。战斗进行得相当惨烈，在王树声司令员的果断指挥下，南路突围部队一举摧毁了敌人的5座碉堡，在平汉铁路线上撕开了1000多米长的大口子，部队迅速跨过铁路，向湖北安陆挺进。

又经过近一个月的突围作战，南路突围部队终于摆脱了敌军重兵围追堵截，于7月底到达鄂西北武当山地区。部队根据中央指示，决定创建以武当山为依托的鄂西北革命根据地。南路突围部队胜利完成了突围任务。

“皮旅”胜利完成掩护中原军区主力部队突围任务后，决定进入大别山，向东突围。敌军调集重兵在险关隘口、交通要塞进行阻击，企图把“皮旅”消灭在大别山里。6 月 30 日上午，“皮旅”进入河南商城县瓦西坪，在瓦西坪遭遇围歼敌军，经过两小时激战，当日强越瓦西坪大牛山，进入安徽境内。7 月 20 日，“皮旅”在克服了高山、峻岭、暴雨、洪水和敌人的围攻、封锁、阻击等层层险阻后，终于胜利到达苏皖解放区，与华中野战军胜利会师，东路突围取得了成功。

中原突围中，掩护北路主力突破平汉铁路的河南省军区，在完成掩护任务后，奉命留下一小部分部队在桐柏山坚持游击战争，其余大部分部队在河南军区司令员兼政委黄霖的带领下，越过伏牛山，于 7 月底进入豫陕边地区洛南、商南、卢氏一带，奉命成立豫鄂陕根据地，突围任务也胜利完成。

中原突围中，中原解放军付出了重大代价，部队总人数损失了将近五分之二。但是，中原突围打乱了国民党反动派发动全面内战的战略部署，推迟了国民党反动派进攻华北、进攻延安的计划，拉开了解放战争的序幕。中原突围是中国革命史上的一个重要转折点，标志着全面内战的爆发，解放战争正式打响。

千里跃进大别山

1947年3月至5月，晋冀鲁豫野战军主力和晋冀鲁豫军区部队一部，在河南省北部的安阳、鹤壁、濮阳地区对国民党军队进行战略性反攻作战，这就是解放战争初期的豫北战役。

豫北战役历时两个月，晋冀鲁豫军区解放军共歼灭国民党军40950人，其中俘敌26100人，毙伤14850人，占领南北长150公里、东西宽100余公里的地区，并于1947年4月解放濮阳，使国民党军退守新乡、安阳等少数孤立据点，有力地配合了山东解放军的作战，为晋冀鲁豫解放军转入战略进攻创造了有利条件。

此时，解放战争全面爆发已经一年多，全国形势发生了重大变化，中共中央毅然作出人民解放军由战略防御转入战略进攻的决策。“得中原者得天下”，中共中央决定将战略进攻的方向定在中原，主攻目标选在大别山地区。刘伯承和邓小平领导的晋冀鲁豫野战军(亦称刘邓大军)，担当了“出击中原”的重任。

豫北战役结束后不久，1947年6月21日，刘伯承、邓小平在鹤壁石林村召开高级军事干部会议，会上作出了突破黄河、挺进中原、跃进大别山的重大战略部署。

中原地区横跨苏、皖、豫、鄂、陕五省，北枕黄河，南临长江，东起运河，西至汉水。我军控制中原及大别山地区，就可南扼长江，东摄南京，西逼武汉，直接威胁蒋介石南京政权，将战争引向国民党统治区，从而根本改变全国战局。

经过周密部署、充分准备后，1947 年 6 月 30 日夜，皓月当空，在东起山东东阿、西至河南濮阳的 150 公里黄河河面上，12 万余刘邓大军，从黄河北岸的八个渡口开始了强渡黄河的伟大壮举。

7 月 4 日晚，在主力部队全部渡过黄河后，刘伯承、邓小平从河南台前县孙口渡口，乘坐“爱国号”渡船顺利过河，蒋介石号称可抵 40 万大军的 300 里黄河防线彻底土崩瓦解。

刘邓大军突破黄河天险，挺进中原，拉开了人民解放军全国性战略进攻的序幕，这一消息震惊国民党朝野。尽失颜面的蒋介石只好匆匆抵达郑州，调兵遣将，企图将立足未稳的刘邓大军消灭于鲁西南或将其逐回黄河以北。

1947 年 7 月 7 日，鲁西南战役率先在山东郓城打响。经过 28 天的激战，刘邓大军在鲁西南战役中取得歼敌 4 个师、9 个半旅 5.6 万人的重大胜利。8 月 7 日，刘邓大军突然甩掉死死相缠的敌军，兵分三路，开始了向大别山的挺进。

8 月 12 日，刘邓大军主力在陇海铁路民权、宁陵、虞城一带，击垮守敌，胜利越过陇海铁路，向南推进，几日后即到达太康县黄泛区。

黄泛区号称“死亡区”，是刘邓大军强渡黄河南下的第一道难关。1947 年 3 月 15 日凌晨，花园口大坝合龙，黄河水重归故道。但是黄泛区仍然到处是积水淤泥，加上连日的暴雨，道路更加泥泞不堪。

8 月 17 日，刘邓首长身先士卒，手拄棍子，脚踩齐膝深的淤泥，冒着敌机的不断轰炸扫射，和全体指战员互相搀扶、互相帮忙，走过宽 20 公里的黄泛区。到 8 月 18 日上午，部队全部通过了黄泛区。

通过黄泛区后，部队来不及休整，于 18 日当日急行军直奔沙河，在东起安徽太和，西至河南沈丘、淮阳长达七八十公里的范围内强渡沙河。

沙河宽达120米，水深三四米，时值汛期，水流湍急，不架桥或乘船是不能通过的。为阻挡刘邓大军过河，蒋介石一面命令部队加紧围追堵截，一面派飞机对沙河沿线渡口进行轰炸。当地军民冒着敌军的炮火和飞机轰炸，帮助架设浮桥。冒着炮火，刘邓首长率领中路部队在槐店（今沈丘县城）顺利渡过沙河。到8月23日，刘邓大军已全部胜利渡过沙河。

渡过沙河以后，为加速行军，刘邓大军在邓小平提出的“走到大别山就是胜利”的号召下，把一些笨重的武器、车辆埋藏或炸掉，轻装向豫南汝河进军。

蒋介石急忙调整军事部署，从各地调集了12个整编师和2个独立旅的兵力，计划在汝南、平舆、新蔡的汝河一带阻截、“围剿”刘邓大军。同时，又派出两个师的兵力，日夜兼程赶往汝河南岸，妄图与尾追刘邓大军的敌军实行南北夹击，把刘邓大军歼灭在汝河一带。

蒋介石的这次部署，计划更周密，兵力更强大，能否抢渡汝河并顺利南下，对刘邓大军来说生死攸关。

8月23日，刘邓大军一纵、二纵、三纵顺利渡过汝河。刘邓首长率领野战军指挥部、中原局机关和第六纵队，也在当日到达汝河北岸，成为最后一支渡河的部队。但此时，敌军已抢先占领了汝河南岸的渡口和沿岸村庄，炸断了先头部队搭建的浮桥，堵住了去路。更为险恶的是，尾追在背后的3个师的敌人，距离刘邓大军不到30公里。

危急时刻，刘邓首长提出：“狭路相逢，勇者胜！”“不惜一切代价，打过去！”23日下午，六纵一支先头部队奉命在最短时间内抢先过河，占领了南岸河堤及大、小雷岗村桥头阵地，并架起一道浮桥。但是，大批敌军向河南岸汇集，从东、西、南三面包围大雷岗，封锁桥头，阻止刘邓大军渡河。

8月24日凌晨，争夺大、小雷岗的战斗打响了。敌军先以飞机、大炮进行轰炸，再以优势兵力进行攻击。固守大、小雷岗的解放军指战员生死无畏、奋勇杀敌，打退了敌人的数次进攻。战斗进行得相当激烈、残酷，阵地常常是失去了又夺回来，又失去又夺回来，战斗一直进行到午后。炮火中，刘邓首长、中原局和野战军机关、纵队直属队等于24日下午4时全部安全渡过汝河。当晚，六纵主力与中原局、野战军机关在息县彭店镇会合后，向淮河前进。

血战汝河是刘邓大军挺进大别山途中最紧要、最严峻、最关键、最激烈的一次战斗，它的胜利保证了挺进中原战略任务的顺利完成。

在刘邓首长部署下，8月25日拂晓，中路六纵前卫营攻下息县县城，控制了几个淮河渡口，为大军渡淮扫清了障碍。第二天，刘邓首长率六纵队顺利抵达淮河北岸小王湾，准备强渡淮河。

8月的淮河雨水充沛，由于上游刚刚下过雨，河水上涨，河深水急，渡口处无桥无船，河面又宽，十几万大军要在短时间内过河，谈何容易！但如果不能立即过河，国民党19个旅的追兵马上就能赶到，大军将被迫背水作战。

8月26日深夜，刘邓首长在小王湾召开紧急会议，研究渡淮事宜。开完会已是深夜2点，对渡淮仍放心不下的刘伯承司令员，亲自带上警卫人员来到淮河岸边，提着马灯登上一只竹排。他手持竹竿，边渡边用竹竿探测水的深度。这样过河后，刘伯承司令员已经对水深了如指掌，毅然下令：部队徒涉过河。

于是，中路大军的千军万马，于8月27日凌晨，沿着河面上的竹竿，分路蹚水过河。当日主力部队全部渡过淮河，等国民党追兵赶到淮河北岸时，河水突然暴涨，数十万敌兵只好望河兴叹。

渡过淮河这最后一道天险，8月27日当天，刘邓大军很快进入大别山北麓的潢川、固始地区，胜利完成了千里跃进大别山的战略任务。

刘邓大军自强渡黄河南下，历时21天，行程千余里，横跨中原大地，排除千难万险，先后解放沿途宁陵、睢县、柘城、淮阳、沈丘、新蔡、项城、上蔡、息县等11座县城，粉碎了国民党军队的围追堵截，逐步恢复了大别山根据地，成为解放战争的一个伟大转折。

特别值得一提的是，刘邓大军在南下途中，严格执行三大纪律八项注意，对百姓做到秋毫无犯。同时，坚持群众路线，充分发动依靠群众，广泛地向群众宣传党的路线、方针和政策，帮助群众排忧解难，得到沿途群众的热烈欢迎，群众积极参军参战，踊跃支援前线，到处呈现出军爱民、民拥军的动人景象。这也成为刘邓大军战胜困难和敌人、胜利到达大别山的重大法宝。

千里跃进大别山的伟大壮举，揭开了人民解放战争由战略相持进入战略反攻的序幕，标志着中国革命解放战争的历史性转折。刘邓大军与陈（赓）谢（富治）、陈（毅）粟（裕）大军，三路大军在中原地区布成“品”字形阵势，互为掎角，紧密配合，建立和巩固了以大别山为中心的中原解放区，为淮海战役的胜利创造了条件，使中原地区成为人民解放军夺取全国胜利的前进基地。

经略中原

1947年，解放战争转入战略进攻阶段以后，在中共中央“大举出兵，经略中原”战略计划指导下，刘邓大军挺进大别山，陈谢兵团进军豫西，陈粟大军挺进豫皖苏。三路大军在中原地区布成“品”字形阵势，互为犄角，紧密配合，使中原地区成为人民解放军夺取全国胜利的前沿阵地。

在大别山区，刘邓大军完成千里跃进大别山的战略任务以后，实施战略展开，重建大别山根据地。从1947年9月到12月，刘邓大军同疯狂进攻大别山根据地的国民党军队进行了多次战斗，先后创建了鄂豫、皖西、桐柏、江汉4个解放区。

在豫西，1947年8月下旬，陈赓、谢富治率领的晋冀鲁豫野战军主力一部于济源强渡黄河，发动豫西战役，歼灭敌军3万人，相继解放渑池、新安、宜阳、卢氏、灵宝、陕州等12座县城，建立3个军分区，开辟了豫陕鄂解放区。

在豫东，1947年9月底，陈毅、粟裕率领的华东野战军于兰考一带进入豫皖苏平原，连续攻克20多座县城，建立了横跨豫皖苏三省，面积约6万平方公里，人口约2000万的豫皖苏解放区。

挺进中原的刘邓、陈粟、陈谢三路大军在中原站稳脚跟后，决定集中兵力，打几场较大规模的歼灭战，粉碎国民党军队在中原的防御体系。

1948年3月，在中央军委和毛泽东主席的亲自决策下，华东野战军和晋冀鲁豫野战军在华东野战军参谋长陈士榘、政治部主任唐亮统一指挥下，采取突然奔袭和强攻相结合的方法，以迅雷不及掩耳之势发动了洛阳战役。

十三朝古都洛阳是历代兵家必争之地，国民党守军在洛阳修筑了永久性防御工事，自诩为“金城汤池”。洛阳战役相当激烈，经过七昼夜激战，解放军一举攻下洛阳，全歼敌军 2 万余人，缴获大量武器弹药及其他物资。洛阳战役是人民解放军挺进中原后的一次漂亮攻坚战。

洛阳战役不久，国民党大批援兵向洛阳逼近。为了摆脱敌援军合围危险，解放军主动有秩序地撤离洛阳，休整待机。1948 年 4 月 4 日，趁洛阳守备空虚之机，晋冀鲁豫野战军陈谢兵团司令员陈赓指挥主力围攻洛阳。经 2 小时战斗，歼灭全部敌军。

洛阳解放后，中央军委指示中原野战军向豫西南方向行动，以巩固豫鄂陕与桐柏解放区。当时，地处豫鄂陕三省交界处的宛西，地方封建武装势力反动民团给豫西南解放区造成极大威胁。

4 月 30 日，在陈赓司令员的统一指挥下，中原解放军在宛西内乡、镇平、淅川、西峡一带发动宛西战役。5 月 17 日，宛西战役结束，解放军先后攻克镇平、内乡、淅川、邓县、老河口、西峡口、荆紫关等 10 多座城镇，进一步巩固扩大了豫陕鄂解放区。

5 月下旬，为牵制豫中地区国民党军整编第十八军，中原野战军根据中共中央军委的指示，发起了著名的宛东战役。战斗 5 月 28 日开始，6 月 3 日结束。此次战役中，解放军以伤亡 3600 余人的代价，歼灭国民党军 1.2 万余人，给了国民党军队以沉重打击，有效策应了华东野战军南渡黄河作战。

几乎与宛东战役同时，1948 年 6 月 7 日，中原野战军在豫皖苏第五分区地方部队和县大队的配合下，第六次解放许昌。许昌的解放使豫皖苏解放区和豫西解放区连成了一片，切断了中原之敌南北之间的联系，使敌人在中原地区失去了一个重要的补给基地和战略要地，为人民解放军在中原战场上实施战略机动，更主动地歼灭敌人创造了有利条件。

经过洛阳、宛西、宛东战役和各军区武装的英勇作战，中原解放区进一步巩固和扩大，国民党在中原的防御体系开始瓦解。

为进一步扩大战果，歼灭国民党军队在中原的有生力量，华东野战军于 1948 年 6 月 17 日向河南省会开封发动进攻。经过多日激烈进攻，华东野战军于 22 日晨解放开封。在围攻开封的同时，华东野战军在兰考以东，中原野战军在中牟、上蔡成功阻击增援开封的国民党军队。开封战役与阻击战共歼敌 4 万人，是继洛阳战役后华东野战军在中原地区成功的攻城作战，开封也是关内第一个迎来解放的省会城市。

解放军攻克开封后，国民党南京政府惊慌失措，为稳定人心，蒋介石派出多个兵团向开封进发，企图夺回开封。华东野战军首长决定将计就计，于 6 月 26 日撤出开封，向开封南部转移。转移过程中，华东野战军在豫东杞县、睢县地区，发动睢杞战役，对国民党的多个兵团进行围歼、阻击。睢杞战役于 7 月 6 日结束，取得歼敌 5 万人的胜利。

开封、睢杞战役合称豫东战役，是解放军经过几个月中原逐鹿艰苦奋战后终于打开外线战局的关键一役，改变了中原和华东战场的战略态势。1948 年 10 月 24 日，郑州解放两天后，解放军重新攻克开封，开封回到人民手中。

豫东战役结束不久，1948 年 8 月 23 日，“水旱码头”漯河经过解放军长达 8 个月的拉锯争夺战后彻底解放。

1948 年 10 月初，在距离郑州 200 公里的宝丰县商酒务镇皂角村，邓小平等中原野战军首长及各纵队领导干部召开了特别会议，研究部署攻打郑州的方案。10 月 18 日，中原野战军颁发了郑州作战的基本命令，中原野战军的各路大军按照预定计划分别向郑州迅速开进。10 月 22 日，中原野战军已完成了对郑州之敌的四面包围。

解放郑州战役原预定于 10 月 25 日拂晓发起。郑州守敌发觉中原野战军主力部队逼近郑州后，惶恐万状，遂于22日6时弃城向北逃窜。中原野战军郑州前线指挥部对郑州守敌的北逃早有预料，果断调整部署，决定提前发起解放郑州战役。当日，解放军兵不血刃占领郑州，郑州宣告解放。10月22日7时至17时，解放军在郑州城北薛岗、固城、老鸦陈一带与企图逃窜的国民党军队主力展开激战，全歼逃敌。其他小股逃敌也于23日、24日被中原野战军分别在邙山头及黄河铁桥桥头歼灭。

开封、郑州解放的消息传遍了中原，极大地鼓舞了中原解放军将士的士气。豫西南重镇南阳，成为解放军下一个攻克的目标。

1948年11月2日，刘邓大军六纵在豫西第六军分区三十九团的配合下，向盘踞宛城的国民党王凌云部发起攻击。战斗进行到3日中午，六纵突然接到中原军区命令，要求放弃攻击南阳城，东进支援即将进行的淮海战役。侥幸逃过被歼灭命运的王凌云部，4日下午弃城逃窜，从此结束了他盘踞南阳城达10个月之久的血腥历史。

王凌云率部逃窜后，豫西第六军分区三十九团当天迅速占领南阳城。解放军占领南阳的消息传到延安后，毛泽东欣然命笔，挥毫写出了中国新闻史上的不朽杰作《中原我军占领南阳》，用激昂的文字、宏大的笔调，形象地阐述了解放南阳的重大意义。

淮海战役

1948 年 9 月，中共中央在河北西柏坡召开政治局扩大会议，决定抓住有利时机，与国民党反动派军队进行战略决战。于是，自 1948 年 9 月起，从辽沈大地到华北平原，从黄海之滨到淮河两岸，人民解放军在广袤的土地上同国民党军队展开了决定中国前途命运的战略大决战。

10 月 11 日，辽沈战役即将结束之际，中央军委、毛泽东主席发出《关于淮海战役的作战方针》，指示中原野战军立即部署攻击郑州、开封、徐州一线，配合华东野战军作战。11 月 6 日，声势浩大的淮海战役打响了。

淮海战役，是在中央军委和毛泽东主席直接指导下，由刘伯承、邓小平、陈毅、粟裕、谭震林等同志共同指挥，华东野战军和中原野战军以及部分地方武装共 60 万人，在以徐州为中心，东起黄海之滨海州，西至河南商丘，北起山东临城，南达淮河的广大地区发起的一次空前规模的战略性决战，是解放战争中具有决定意义的三大战役之一。11 月 16 日，中共中央决定由刘伯承、邓小平、陈毅、粟裕、谭震林组成统一指挥华东野战军和中原野战军的总前委，邓小平为书记。

整个战役共分三个阶段。第一阶段从 1948 年 11 月 6 日到 11 月 22 日，人民解放军在江苏邳州碾庄全歼国民党军黄伯韬兵团，取得了淮海战役第一阶段的重大胜利，共歼敌 17.8 万余人。第二阶段从 1948 年 11 月 23 日到 12 月 15 日，人民解放军在安徽淮北双堆集地区全歼黄维兵团，取得了淮海战役第二阶段的伟大胜利，共歼敌 20 万余人。第三阶段从

1948 年 12 月 16 日到 1949 年 1 月 10 日，主战场在豫东永城一带。

永城陈官庄乡位于永城最东部20公里处，紧靠安徽，是永城出入苏、皖的门户。1948 年 12 月 15 日，黄维兵团被歼灭后，赶去救援的国民党第六、第八兵团见势不妙，溃逃到淮河以南。剩下孤立无援的国民党军杜聿明集团的 8 个军，被解放军团团包围在以永城陈官庄为中心的东西 10 公里、南北 5 公里的狭小区域。

此时，解放战争的第三大战役平津战役已经打响，为了不让平津的傅作义集团从海路南下，中央军委指示对杜聿明集团围而不攻。遵照指示，中原野战军、华东野战军于 12 月 16 日起转入战地休整。

在此期间，淮海无战事，但解放军对国民党军的政治攻势一直没有停息，经常有整排整连的官兵投降解放军，杜聿明集团内部士气大落，上下狐疑，惶恐不安。

此时已是深冬季节。12 月 20 日，一股冷空气突然而降，豫东平原顿时变成银装素裹、天寒地冻的世界。与保障充足、士气昂扬的解放军战士相比，被围困的杜聿明集团可谓是弹尽粮绝、孤立无助，大批士兵被冻死饿死，逃跑投降者日益增多。在万般无奈下，蒋介石下令杜聿明于 1949 年 1 月 9 日冒险突围。

但是，没等杜聿明突围，1949 年 1 月 6 日 15 时 30 分，华东野战军发起对杜聿明集团的总攻。当晚，华东野战军 9 个纵队即攻克敌人 13 个据点，歼敌 1 万余人。1 月 7 日，华东野战军攻克李弥兵团司令部驻地青龙集，收复 20 多个村，歼敌 3 个整团零 2 个连，逼近杜聿明集团指挥部。1 月 8 日，华东野战军及时调整部署兵力，攻克 5 个村庄，歼敌 2 个团零 2 个特种兵连。

1 月 9 日，杜聿明部队向西突围，华东野战军之八纵、九纵等予以迎头痛击，三纵、四纵、十纵等部奋力直追。9 日晚，华东野战军在夜色中继续猛攻，杜聿明阵营彻底被打乱，士兵四处逃窜，局面混乱得无法控制。绝望之中，杜聿明带着副官、卫士 10 余人逃跑，于 10 日凌晨被俘。1 月 10 日，华东野战军一举攻克陈官庄及邱清泉兵团指挥部驻地陈庄，邱清泉被击毙，李弥化装仓皇潜逃，杜聿明集团各部纷纷缴械投降。到 16 时，杜聿明集团全部被歼灭。震惊中外的淮海战役宣告结束。

淮海战役历时 66 天，解放军以伤亡 13.4 万余人的代价，歼灭国民党军 55.5 万余人，创造了中国战争史上的奇迹。这次战役，极其沉重地打击了国民党反动派，从根本上动摇了国民党反动派的统治，长江中下游以北广大地区成为解放区。

淮海战役也是一场人民战争。据不完全统计，战役期间，中原解放区人民共出动民工 500 多万人，担架 26 万多副，挑子 35 万多副，大小车辆 88 万多辆，粮食 9.6 亿多斤，蔬菜 146 万多斤，牲畜 76 万多头，船只 8500 多艘，护送伤员 11 万余名，参军支前 10 余万人。所以，陈毅元帅在总结淮海战役时曾深情地说："淮海战役的胜利是人民群众用小车推出来的！"

解放河南

1949 年 1 月 10 日，淮海战役胜利结束。淮海战役结束后，豫东国民党军队全部被肃清，豫东商丘地区全部解放。

淮海战役结束以后，中原解放军以摧枯拉朽之势横扫残敌。

1949 年 4 月，平汉铁路线上的豫北重镇安阳，也打响了解放的枪声。4 月 16 日夜，按照安阳城内地下党提供的安阳城防图，解放军第四十二军部队官兵分批向安阳进发。数万大军分别从城东、城北、城西南、城西北四路攻击，把城外的敌人分割包围，逐一消灭。经过近 20 天激战，5 月 6 日安阳城解放。

安阳的解放震撼了新乡守敌，新乡守敌失魂丧胆，无心孤军应战，随即献城投降。从此，整个华北大地彻底解放，国民党在华北的最后两个残存据点回到了人民的怀抱。

此时，国民党在中原的残敌几乎无立足之地，他们沿平汉铁路向南逃窜。信阳地区的新县（原经扶）于 1948 年 10 月 8 日首先获得解放，固始于 11 月 9 日解放，商城于 12 月 30 日解放。淮海战役胜利不久，光山、潢川、息县、罗山相继解放。1949 年 3 月，驻马店全市各县先后获得解放。1949 年 4 月 1 日，作为国民党河南省临时省会的信阳解放。

解放战争期间，河南各解放区人民先后掀起了多次支前高潮，使革命战争得到了源源不断的人力、物力支援。一些城市的地下党组织，积极主动组织工人、师生和市民开展轰轰烈烈的爱国民主运动。因此，解放战争也是一场人民战争，河南人民对加速解放河南作出了重大贡献。

淮海战役胜利后，中原各解放区基本连成一片。为加强对各省工作的统一领导，恢复和发展生产，支援大军渡江南下，完成民主改革的重大任务，中共中央决定撤销豫皖苏中央分局和豫西、鄂豫、桐柏区党委，成立河南、安徽、湖北省委。

1949 年 3 月，中共河南省委在开封成立，同时成立中原临时人民政府、河南省军区。5 月，河南省人民政府在开封成立。中共河南省委领导黄河以南的郑州、洛阳、陕州、南阳、确山、潢川、淮阳、许昌、陈留、商丘 10 个地委和开封、郑州 2 个直辖市委，全省共有党员 1.5 万多人。

1949 年 6 月，解放军攻克国民党军在豫西盘踞的最后两座县城灵宝和阌乡，河南全境解放。

黄河以北地区全境解放后，中共中央为加强冀鲁豫三省接合部地区的工作，决定建立平原省。1949 年 8 月 20 日，中共平原省委在新乡成立，平原省下辖新乡、安阳、濮阳、聊城、菏泽、湖西 6 个地委，新乡、安阳 2 个市委。河南、平原省委成立后，领导各级党组织，加强党的建设，恢复和发展经济，剿灭土匪，稳定了新生的人民政权。

1949 年 10 月 1 日，中华人民共和国宣告成立，掀开了中国历史的崭新篇章。从此，河南进入了新的历史时期，社会主义革命和建设从此拉开了帷幕。

红色中原
伟人足迹

英模风采

李大钊在河南

1921 年 3 月的一天夜晚，初春的郑州乍暖还寒，行人稀疏的郑州街头显得冷冷清清。而在位于郑州东三马路的郑州铁路职工学校，却是一番热闹的景象：一群思想进步的铁路工人，在河南最早的共产党员、郑州铁路职工学校校长赵子健的陪同下，认真听着一位衣着长袍马褂、蓄着美髯、温厚朴实的中年人讲课。这位中年人向工人们介绍俄国工人运动情况，宣传马克思主义，鼓励工人学习文化技术，积极团结起来，争当社会的主人。他的演讲通俗易懂，深入人心，让工人们一个个热血沸腾，激情澎湃。他就是中国共产主义运动的革命先驱、中国最早的马克思主义者、中国共产党的主要创始人之一、著名学者李大钊。

李大钊 1889 年 10 月 29 日出生于河北省乐亭县一个农民家庭。父母早逝，由爷爷一手抚养长大。李大钊自幼勤奋好学，才思敏捷，五六岁时便入私塾，熟读四书五经。其后先后两次参加童试科考。16 岁那年，李大钊以优异成绩进入永平府中学堂学习。两年后的 1907 年，李大钊考入刚刚开办的北洋法政专门学校。1913 年从北洋法政专门学校毕业后，李大钊东渡日本，进入东京早稻田大学政治本科学习。1916 年李大钊回国，1917 年受聘北京大学，后担任图书馆主任兼教授。兵荒马乱的年代，艰辛曲折的生活，开阔渊博的学识，使李大钊养成了忧国忧民的情怀，树立了追求民族解放事业的远大志向。

在北京大学，李大钊积极投身于正在兴起的新文化运动，直接参与并领导了新文化运动和五四爱国运动。1917 年，十月革命的一声炮响，给中国送来了马克思列宁主义。李大钊第一个在中国举起了传播马克思主义的旗帜，相继发表了《法俄革命之比较观》《庶民的胜利》《布尔什维克主义的胜利》《我的马克思主义观》等多篇宣传俄国革命和马克思主义的著名文章和演说，成为我国最早传播马克思主义的知识分子。

李大钊知识渊博，为人谦和、宽厚、诚朴，很多进步青年都愿意接近他，他的办公室和家里经常有青年学子光顾。对于一些贫寒的青年学子和革命青年组织的革命活动，他经常慷慨解囊。许多进步青年非常尊敬、信任李大钊，将他看成自己人生的导师。他的思想影响了一批青年学子，引导他们走上了共产主义的道路。其中，最卓越的就是由李大钊安排担任北大图书馆助理员的毛泽东。李大钊发起成立的“少年中国学会”，会员就有毛泽东、邓中夏、恽代英、张闻天等人。

1920 年 3 月，李大钊在北京大学秘密组织发起成立马克思学说研究会，在思想上和干部上为在北方建党做了准备。同年秋，他又领导建立了北京的共产党早期组织“共产党小组”和北京社会主义青年团，并与在上海的陈独秀遥相呼应，积极推动建立全国范围的共产党组织。“南陈北李，相约建党”，成为中国革命史上的一段佳话。

中国共产党成立前后，李大钊多次派遣北大马克思学说研究会成员和北京党组织成员到北方各地宣传马克思主义，开展工人运动，建立共产党组织。

而就在这一时期，已是京汉、陇海两大干线交会的重要铁路枢纽的郑州，特殊的地理位置，众多的铁路工人，使之成为开展工人运动的理想之地，郑州也引起李大钊的热情关注。所以，当北京大学马克思学说研究会通讯员、武汉共产主义小组成员、郑州铁路职工学校校长赵子健邀请李大钊为铁路工人讲学时，李大钊欣然前往。

李大钊的郑州之行，为几个月后陇海铁路工人大罢工奠定了思想基础。

李大钊离开河南后，在他的指导下，赵子健以郑州铁路职工学校为阵地，积极向工人传播进步思想，宣传马克思主义，短短的几个月里就培养出一批工人运动的骨干，郑州已成为当时全国工人运动的中心之一。

1921 年 11 月 17 日，陇海铁路洛阳机务厂工人与蛮横的机修厂副厂首、比利时人狄孟发生矛盾，工人被殴打并遭开除，激怒了广大工人，陇海路工联合会在游天洋领导下决定发动罢工争取权益。11 月 18 日，远在北京的李大钊闻讯后，极为重视，当晚在北大红楼主持召开了中共北京地委紧急会议，商议对策。会议最后决定派中国劳动组合书记部北方分部主任罗章龙前往洛阳全力帮助，指导罢工。在中国劳动组合书记部的领导下，1921 年 11 月 20 日，陇海铁路工人大罢工爆发。罢工持续了近 10 天，最后以实现工人提出的条件而胜利结束。

这次罢工使得河南的工人队伍进一步得到了锻炼和考验，一些优秀工人领袖已具备了入党的条件。随后，罢工主要领导人游天洋经李大钊等介绍，加入了中国共产党。1921 年 12 月，中共洛阳组成立，游天洋任组长，这是中国共产党在河南的第一个党组织。

中国共产党成立后，李大钊负责党在北方的全面工作。在他的领导下，北方党组织派出许多同志奔赴各地开展党团工作，建立党组织。此外，李大钊多次代表共产党与孙中山会谈，建立了革命统一战线。在河南，李大钊通过统战关系，选派党员到国民党军队任职，派遣党员到京汉、陇海铁路担任密查员，以此发展党组织，推动工人运动发展。1922 年 5 月，李大钊亲赴洛阳与吴佩孚会谈，促使军阀吴佩孚发表通电“保护劳工”。1923 年，郑州爆发了震惊中外的二七大罢工，正在武汉讲学的李大钊对罢工极为关切，为此还写了一篇题为《艰难的国运与雄健的国民》的文章表示声援。

1924 年 12 月底，在凛冽的寒风中，时任国民党中央执行委员、北京执行部组织部部长的李大钊，应国民二军军长、河南军务督办胡景翼的邀请，到开封走访。

在开封，李大钊受到胡景翼的热情接待。虽然李大钊这次在开封不到一周时间，但却对胡景翼治理河南提供了积极的帮助。根据胡景翼的要求，李大钊同意增派苏联专家、顾问，帮助整顿国民二军。在苏联援助军火的分配方面，给国民二军以优厚待遇，派一些进步青年到开封协助工作等。在李大钊的支持和参与下，苏联的军事顾问和武器装备陆续到达国民二军，并且运来 8 架飞机，国民二军因此建立了航空队。

李大钊的河南之行，为促进统一战线在河南的形成，开创中国共产党在河南工作的新局面奠定了基础。1925 年，在李大钊的直接领导和关怀下，一批共产党员如王若飞、肖楚女、李求实等先后到达开封，开创了党在河南工作的新局面，出现了第一次国共合作时期党在开封地区活动的高潮。

遗憾的是，1925 年 4 月，胡景翼患病不治身亡，军政职务继任者国民二军师长岳维峻思想落后，一意孤行，对开明的国民党元老疏远，对共产党人冷落无情。

1925 年夏，为争取岳维峻，李大钊与国民党元老于右任又一起来到开封。到开封后的第二天上午，李大钊前往督办公署会见了岳维峻，宣传了共产党的政治主张，劝说岳维峻攻打军阀吴佩孚。

在开封，李大钊在当时名为中州大学的河南大学 6 号楼三楼大教室内，向开封各校学生代表作了题为《大英帝国主义者侵略中国史》的演讲，提出了“尊重民权，打倒军阀，打倒帝国主义”的口号，号召广大青年全都起来参加国民革命运动。铿锵有力、字字珠玑的演讲，极大地激发了学生们的爱国主义热情，揭开了河南大学革命运动史上光辉灿烂的一页。

在李大钊的领导下，共产党在河南的革命活动得到较快的恢复和发展，继学生运动、工人运动之后，农民运动也发展起来了，成为支援北伐战争的一支重要力量。1925 年 10 月，在李大钊的关怀下，河南成立了地方党组织最高领导机构——中共豫陕区执行委员会。

李大钊离开开封之后，岳维峻把李大钊“集中力量先打吴佩孚”的劝告置之脑后，使河南的革命形势和党的组织建设遭受了严重损失。

1926 年 3 月，李大钊领导并亲自参加了北京人民反对日、英帝国主义和反对军阀张作霖、吴佩孚的斗争。1927 年 4 月 6 日，奉系军阀张作霖勾结帝国主义，闯进苏联大使馆驻地，逮捕了李大钊等 80 余人。李大钊备受酷刑，在监狱中，在法庭上，他始终大义凛然，坚贞不屈。4 月 28 日，军阀不顾广大人民群众和社会舆论的强烈反对和谴责，悍然将李大钊等 20 位革命者绞杀在西交民巷京师看守所内。李大钊第一个走上绞架，从容就义，时年 38 岁。

李大钊同志是马克思主义在中国最早的传播者，是中国共产党的主要创始人之一，也是为中国人民解放事业英勇牺牲的第一位中共高级领导人。20 世纪 20 年代，李大钊曾先后六次亲临河南的郑州、洛阳、开封等地指导革命斗争。他对马克思主义在河南的早期传播、党组织的创建和革命活动的开展作出了不可磨灭的贡献。李大钊作为中国共产党的创始人之一，他对河南党组织的建设和革命活动的开展付出了巨大的心血，他不愧是河南党组织的奠基者之一，他在中原地区所建树的革命业绩将永垂史册。

毛泽东在河南

毛泽东是伟大的马克思主义者，伟大的无产阶级革命家、战略家、理论家，马克思主义中国化的伟大开拓者，中国共产党、中国人民解放军、中华人民共和国的主要缔造者，中国各族人民的伟大领袖。作为一代伟人的毛泽东，为了民族解放大业，为了社会主义建设事业，对河南不仅倾注了大量的精力和心血，而且多次亲临河南，在河南的大地上留下了光辉的身影和足迹。

毛泽东 1893 年 12 月 26 日出生在湖南省湘潭县韶山冲一个富农家庭。8 岁开始读私塾，一直读到 13 岁，养成了毛泽东勤奋好学的习惯。离开私塾后毛泽东成为做贩粮生意的父亲的帮手，但仍然坚持读书。1910 年，毛泽东第一次离开家庭，独自进入离韶山不远的湘乡东山高等小学堂求学。1911 年毛泽东离开湘乡来到省会长沙，进入一所叫“湘乡驻省中学”的学校学习。1911 年辛亥革命爆发，同年，毛泽东参加了湖南革命军，在长沙毛泽东第一次接触到社会主义等新思想。1912 年春，清帝溥仪退位，当了几个月兵的毛泽东很快离开了军队，不久以第一名的成绩考入湖南省立第一中学。1913 年，毛泽东又考入湖南省立第一师范学校。1918 年，毛泽东和蔡和森等成立新民学会，确立“改造中国与世界”的宗旨。同年，毛泽东以优异的成绩从第一师范毕业。1918 年秋，毛泽东离开湖南，启程赴北京，从此开始实践他的改造中国与世界的理想。

1918 年 8 月 15 日，25 岁的毛泽东与李维汉、罗章龙等 20 多位年轻人从湖南长沙赶到湖北汉口火车站，乘坐京汉铁路火车，赶赴北京去见调到北京大学任教的湖南省立第一师范老师杨昌济。作为湖南新民学会主要发起人，毛泽东此行的目的是组织一批新民学会会员赴法勤工俭学。这是毛泽东第一次出远门，也是第一次坐火车。

与毛泽东一样，这群兴奋、新奇、憧憬着美好未来的年轻人，一边欣赏着山峦、河流、树木等沿途美景，一边兴高采烈地讨论着，丝毫感觉不到火车当时时速只有 15 公里的缓慢。

第二天，火车进入河南境内。一马平川的大平原和沿途绿油油的庄稼地，让生活在山区的毛泽东很兴奋。火车到达漯河时，由于连日的大雨冲毁了前方铁路路基，无法继续通行，被迫停车。毛泽东一行只好下车，步行到达许昌，再转乘去北京的火车。

许昌是魏国故都，对曹操十分推崇的毛泽东，在许昌候车期间，特意与罗章龙、陈绍休三人一起赶到魏都旧墟，怀着极大的兴趣瞻仰遗址，吟诵作诗。第二天，毛泽东一行重新登上北去的火车，8 月 19 日终于到达北京。

如果说从韶山到长沙是毛泽东人生中迈出的一小步，而这次从长沙到北京则是毛泽东人生中迈出的一大步。也正是这次的北京之行，毛泽东走进了中国新文化运动的发源地北京大学，认识了共产主义先驱李大钊，并在李大钊安排下成为北京大学图书馆的助理员，了解和直接接触了新文化、新思想，结识了一批名流学者和有志青年，毛泽东从此开始具体地了解十月革命和马克思主义。这次北京之行，使他迈出了从湖南走向全中国的第一步。

这次北京之行是毛泽东第一次，也是新中国成立前唯一一次踏上河南的土地。此后，历经中共一大、秋收起义、创建井冈山革命根据地、长征、遵义会议、陕北会师等革命历程，毛泽东在全党的领导地位逐步形成和确立。直到1952年，毛泽东虽然没有再到河南，但却通过他的决策不断推进着河南革命斗争和建设事业的进步，特别是在抗日战争和解放战争时期。

抗日战争时期，毛泽东认为“河南是我们全国长期抗战的枢纽地带”，战略地位十分重要，他及时调兵遣将，从延安等地派出大批党政军干部和武装骨干力量，奔赴河南敌后发动、组织、领导人民群众开展抗日游击战争，在河南周边地区创建了太行、冀鲁豫和豫鄂边等敌后抗日根据地，领导河南抗日军民努力奋战，使我党领导的陕北、华北、华中三大根据地连成一片，达成“绾毂中原”的战略任务。

在解放战争初期，以毛泽东为代表的党中央、中央军委，经略中原，指挥和发动了“中原突围”“三军配合，两翼牵制”“千里跃进大别山”等著名军事行动，成功地在国共两党逐鹿中原的较量中抢得了先机，揭开了解放战争战略反攻的序幕。

解放战争全面爆发后，毛泽东曾对解放郑州作出专门部署。他提出：“中原局在诸战役中，要把郑州战役放在最后打，避免打下来又被敌人占领，夺取郑州的同时务必设法保住黄河大铁桥不被破坏。”1948年10月22日，郑州宣告解放。10月22日24时，毛泽东亲手拟定的“郑州解放”电稿，通过新华社在第一时间向全国传递出郑州解放的消息。

1948年11月4日，南阳解放，毛泽东获知后欣喜挥笔，为新华社撰写了《中原我军占领南阳》新闻稿。该稿文笔优美，简洁精练，被誉为中外新闻史上罕见的杰作。

1948年4月8日，毛泽东为中共中央起草了《再克洛阳后给洛阳前线指挥部的电报》，亲自制定洛阳城市管理9条方针。该电突出体现了人民城市由人民负责管理的思想，特别强调该方针基本适用一切新解放的城市，因而具有普遍意义。此电后来收入《毛泽东选集》第四卷，其重要性可见一斑。

1952 年 10 月，毛泽东第一次出京视察，这次也是毛泽东在新中国成立后第一次踏上河南的土地。

1952 年 10 月 29 日深夜，毛泽东乘坐专列在夜色中从徐州到达兰考，停靠在兰坝支线东坝头火车站。东坝头火车站紧依黄河，在车厢里甚至能听到奔腾的浪花拍打河岸的声音。

东坝头是九曲黄河最后一个大拐弯处，地势险要，水势凶猛，素有“豆腐腰”之称，历史上黄河多次在此决口。毛泽东对黄河有一种特殊的情感，他的诗词中多次描写黄河，尤其是著名的《沁园春·雪》。具有诗人情结和熟知历史的毛泽东十分清楚黄河水患给中华民族带来的灾难，所以，毛泽东第一次外出巡视，视察黄河是他此行的重要目的。

10 月 30 日清晨，天刚刚亮，顾不上吃早饭，毛泽东踏着露珠来到东坝头附近的村庄，走进农户家中拉家常、察民情。

上午，毛泽东一行人穿过盐碱荒野，视察了黄河东坝头和铜瓦厢工段（1855 年黄河决口改道处），并在著名的险工段四号坝亲手用钢钎打了个 1 米深的洞。

下午 3 时许，毛泽东又来到开封柳园口观看了著名的黄河“悬河”，并详细地向治黄负责人询问黄河河情和治黄知识。

下午 5 时许，毛泽东在开封市看了古老的铁塔，登上巍峨的龙亭，俯瞰了开封古城全貌。夜晚住在开封城南红洋楼（时为河南省军区司令部所在地）小楼上。

10 月 31 日清晨，毛泽东离开开封，前往郑州。就在专列即将出发的时候，毛泽东向前来送行的河南省委、黄委会负责人交代：“要把黄河的事情办好！”这句话后来广为流传，成为动员和激励几代人治理黄河的响亮口号。

在郑州，毛泽东徒步登上邙山顶眺望黄河水势，查看黄河铁路大桥，并在花园口留影。离开邙山后，毛泽东又来到渠首位于武陟县境内的人民胜利渠视察。看完人民胜利渠，专列驶向新乡市。在新乡市，他还看了引黄（河）济卫（河）入口处。专列在新乡市停留一夜。11月1日上午，毛泽东返京途中到汤阴车站稍停，看了岳武王故里碑。10时抵达安阳市，毛泽东下车换乘汽车，看了中国七大古都之一安阳的殷墟和袁世凯墓。下午2时乘专列离安返京。

自1952年第一次视察黄河后，毛泽东又多次到河南视察，听取治黄规划和专题汇报，并就治黄工作提出了具有长远指导意义的重要思想。1953年2月，毛泽东第二次乘专列南下巡视路过郑州，特意接见了河南省委、黄委会负责人，就三门峡水库、库区移民、上游水土保持及南水北调等问题同黄委会主任王化云进行探讨。1954年冬，毛泽东南巡返京途经郑州，在火车上第三次专门听取黄委会负责人的治黄工作汇报，重点是黄河治理规划和水土保持工作。1955年6月，毛泽东离京南下经过郑州，在河南省委北院办公楼二楼会议室第四次专门听取治黄工作汇报。毛泽东对制定黄河治理规划的问题非常关心，要求省委全力支持黄委会，把治理黄河这件大事搞好。在毛泽东的高度关注和关怀下，全面治黄工作进入了快车道。沿黄两岸军民积极投入黄河治理和开发，并取得了前所未有的重大成就。在毛泽东的关怀下，黄河治理全方位展开，水利水电工程陆续上马。经过60多年的奋斗，如今这条历史上水患频发的大河，岁岁安澜，奔流东去。

河南是传统的农业大省，新中国成立后，毛泽东非常关注河南的农业和农村工作。

1958年8月，正值酷暑时节，毛泽东在杨尚昆的陪同下视察河南。他不顾天气炎热、旅途疲劳，走进田间地头、深入基层群众，询问了解当地各项工作、生产和群众生活情况，倾听基层干部和群众的意见。在新乡七里营人民公社，毛泽东视察了敬老院、幼儿园、社员食堂、面粉厂、轴承厂、棉田等。当他走到七里营人民公社的大门前，看到了门上挂着的牌子——新乡县七里营人民公社，他很肯定地说：“人民公社这个名字好！”当他看到公社棉田里一片丰收在望的景象，高兴地对陪同考察的河南省委书记吴芝圃说：“吴书记，大有希望，你们河南都像这样就好了！”

离开新乡，毛泽东又马不停蹄地先后到襄城、长葛、兰考、商丘等地农村视察。在视察中，他对各地干部群众建设社会主义的热情和积极性给予了充分肯定。

8 月 7 日清晨，毛泽东一行驱车到襄城县考察。在襄城县三里沟乡梁庄村，当他看到烟田里长势喜人的烟叶时，不禁发出充满激情的由衷赞叹：“你们这里成了‘烟叶王国’了！”他还鼓励襄城县人民“要鼓足干劲，力争上游”。毛主席的赞誉，鼓舞了千千万万的烟农，也使许昌以“烟叶王国”闻名于世。这次在襄城县毛泽东待的时间较长，和许多普通农民见了面。

接着，毛泽东又来到长葛，冒着酷暑，沿着田间小道视察玉米长势。当他看到长势茂盛、管理精细无杂草的玉米田时，风趣地说：“你们长葛无葛（无杂草）啊。”此时正是午后 1 时，密不通风的玉米地里又闷又热，毛主席挥汗如雨，衬衫全被汗水浸透了，但他兴趣甚浓，继续向玉米地深处走去。下午 2 时 30 分，毛主席乘坐的专列向省会郑州方向驶去。

1960 年的春天，毛泽东再次深入河南农村视察。这次他来到郑州市郊区燕庄。

5 月的燕庄，麦浪翻滚，油菜花香，一派丰收的喜人景象。毛泽东健步走进燕庄麦田，看着长势喜人的麦子，嗅着泥土和麦穗的清香，毛主席兴致很高。他认真听取了大队负责人吴玉山关于麦田管理情况的报告，并就燕庄大队农业生产的有关事宜详细询问。吴玉山微笑着一一作答。得到了满意的答复后，毛主席脸上不时露出满意的笑容。临走时，他勉励在场的干部要努力增产，把粮食搞上去，千方百计渡难关。

1958 年底，毛泽东通过调查研究发现了人民公社化运动中存在的乱象，开始着手纠正初步觉察到的错误。1958 年 11 月 2 日和 1959 年 2 月 27 日，毛泽东亲自主持了两次“郑州会议”。在两次郑州会议期间，毛泽东在郑停留长达 20 多天。毛泽东主持召开的两次郑州会议，对纠正“大跃进”和人民公社化运动中已经发现的错误发挥了重要推动作用，对中国的历史进程产生了重大影响。特别是毛泽东对因“左”倾错误造成的损失敢于承担责任、勇于作自我批评的可贵精神，给河南人民留下了深刻印象。

1971 年 8 月 17 日，毛泽东巡视南方途经郑州，专门通知河南省委、省军区负责人在郑州乘主席专列到武汉谈话，这是他生前最后一次短暂驻足河南土地。

毛泽东一直密切关注河南社会主义建设事业，除亲自到河南视察外，他对河南工作的批示、指示、谈话多达百余次。

1954 年，毛泽东亲自拍板把中国第一拖拉机厂定址洛阳，加快了河南实现农业机械化的步伐。1958 年，毛泽东亲自决策上马丹江口水利枢纽工程项目，为今天南水北调中线工程的实施打下了基础。1969 年，毛泽东亲自决策修筑焦枝铁路，豫鄂两省人民积极响应，在短短一年时间内使这条 753 公里长的备战铁路建成通车，创造了铁路建设史上的奇迹。

1955 年 12 月，毛泽东为许昌地委农村工作部上报的《郏县大李庄乡进行合作化规划的经验》一文，作出“农村是一个广阔的天地，在那里是可以大有作为的”批示，将河南一个原本默默无闻的乡村，骤然推向了历史的前台，这句话也成为整整影响一代年轻人的口号。上山下乡知青们的爱国热情、奉献精神和坚忍不拔、吃苦耐劳的品格，成为中华民族宝贵的精神财富。

1974年12月15日，《河南日报》刊登了《光明灿烂的希望——巩县回郭镇公社围绕农业办工业、办好工业促农业的调查》一文，介绍了巩义回郭镇发展社队企业（后称乡镇企业）的经验。1975年9月，病重期间的毛泽东亲自批阅了这篇调查报告，并经邓小平同志批准，在1975年10月11日的《人民日报》头版头条位置以《伟大的光明 灿烂的希望》为标题，详细介绍了回郭镇公社围绕农业办工业、办好工业促农业的典型经验。同时配发的评论员文章则称“回郭镇人为中国农村经济发展找到了康庄大道”。一时间，回郭镇兴办社队企业的典型经验，在国内外引起巨大轰动。从此，回郭镇名扬天下，国内外来回郭镇参观者络绎不绝，回郭镇因此被称为“中国乡镇企业的发源地”。

据《党史博览》披露，毛泽东在新中国成立后离京总共57次，其中到河南（主要是郑州）就多达27次。从1952年10月第一次到河南视察直到1971年的近20年间，毛泽东差不多每年都来河南。他在这里或主持会议，或听取汇报，或调查研究，或接见外国客人。河南成为新中国成立后毛泽东关注较多、视察较多的省份之一。毛泽东对河南革命和建设事业的关怀和指导，对河南历史的发展产生了重大影响。

周恩来在河南

1898 年 3 月 5 日，在江苏淮安城西门勺湖畔的驸马巷周家大院里，一个男孩诞生了。这个男孩就是日后成为一代伟人的周恩来。虽然出生在官宦之家，但此时周家家境已经没落，少年周恩来生活还是比较艰苦的。5 岁时，周恩来就进入私塾学习。由于他的聪颖、机敏、好学，少年周恩来深得家族人喜爱。1910 年春天，12 岁的周恩来跟随伯父到东北奉天府（沈阳）生活、求学。

在奉天东关模范学校学习期间，周恩来进步很快。他学习勤奋，关心国家大事，每天坚持看书读报，渐渐培养出爱国、进步的远大志向。周恩来各科学习成绩都名列前茅，尤其作文、书法，每学期总是全班第一。他写的文章，气魄大，有远大志向，深受老师和同学们的赞扬。一次修身课上，学校校长亲自为学生讲授如何立志。讲到兴致之处校长突然向学生发问："请问为什么读书？"有的回答"为光耀门楣而读书"，有的回答"为了明礼而读书"，有的回答"为父母而读书"，而提问到周恩来时，周恩来非常郑重地回答道："为中华之崛起而读书！"校长不由得赞叹："有志者，当效周生啊！"一种为国家、民族的将来而奋斗的崇高的责任感，已深深地植根于少年周恩来的心中。

1913 年 2 月，周恩来随伯父移居天津。8 月，周恩来以优异成绩考入天津南开学校，后来担任过学生社团组织"敬业乐群会"的负责人。1917 年，周恩来留学日本。1919 年回国，在天津参加五四运动，组织觉悟社，从事反帝反封建的革命活动。就在这年夏天，周恩来与天津直隶第一女子师范的爱国进步学生、祖籍河南光山县的邓颖超相识。此后不久，周恩来和邓颖超一起发起成立了天津学生爱国运动的核心组织——觉悟社，并出版革命刊物《觉悟》。

1920 年周恩来去法国勤工俭学，一度也到过英国和德国。在旅欧的中国学生和工人中宣传马克思主义，发起组织旅欧中国少年共产党（后改称旅欧中国社会主义青年团）。1921 年春，周恩来在法国加入了中国共产党，任中国社会主义青年团旅欧总支部书记，并参加中共旅欧总支部的领导工作。1924 年 8 月，周恩来从巴黎回国，出任黄埔军校政治教官，不久后升任政治部主任，参与领导第一、二次东征。

1925 年 8 月，在爱情的呼唤下，21 岁的邓颖超只身从上海来到广州，两位分别 5 年的年轻人再次相聚并结为伉俪。1926 年冬，周恩来秘密来到上海，担任中共中央军委书记兼中共江浙区委军委书记。

周恩来的办公室在上海荻思威路，1926 年底，分管军事工作的周恩来接见了来自河南的中共河南省区委的技术书记林壮志。林壮志此行是受河南省区委委派，向中央汇报河南农民运动情况。此时，国民党武汉政府北伐军即将到达河南，河南各地尤其是豫南的农民武装力量蓬勃发展，一场准备在豫南的信阳、确山一带发动的武装暴动即将爆发。

周恩来听完林壮志的汇报，对河南的革命形势相当满意，对河南的革命斗争计划相当重视。几天以后，经过深思熟虑后的周恩来同志又接见了林壮志，对河南的革命工作做了具体指示。几天后，林壮志带着周恩来同志给河南省委汪泽楷书记的信，从上海回到河南，向省区委传达了周恩来同志的指示。遵照周恩来同志的指示，河南省区委马上对工作进行了重新部署，并于 1927 年 4 月 4 日发动了确山暴动，占领了确山县城，建立了河南第一个县级农工政权——确山县临时治安委员会。确山农民暴动的胜利，使北伐军不费一枪一弹顺利进入豫中，粉碎了吴佩乎、张作霖妄图把北伐军消灭在豫南天然屏障之外的阴谋。

1927 年，周恩来亲自领导上海工人第三次武装起义、南昌起义。1928 年，在莫斯科召开的中共六大及六届一中全会上，周恩来再次当选为政治局常委，任中央常委秘书长兼中央组织部长，后又兼任军事部长，成为中共中央工作的实际主持者。

这一时期，在鄂豫皖三省交界处的大别山区，相继爆发了黄麻起义、商城起义和六霍起义，形成了大别山工农武装割据的新局面。作为中央工作的实际主持者，周恩来较早认识到建立鄂豫皖边区革命根据地的战略重要性。1929 年 9 月，周恩来负责起草了著名的中央“九月来信”，倡导省边界区域的赤色势力联系起来成立特委。9 月 24 日，中央发出指示，决定将商城、光山、罗山、黄安、黄陂、罗田等 8 个县划为鄂豫边特区，建立鄂豫边特委，对鄂豫边、豫东南根据地的党和红军实行统一领导。1930 年 2 月，周恩来代表党中央在上海主持召开会议，专门研究部署鄂豫皖边区的工作。在这次会议上，周恩来宣布中央的决定：将湖北、河南、安徽三省边界地区划为鄂豫皖边特别区，统一鄂豫边、豫东南、皖西三块革命根据地和三支红军的领导，建立中共鄂豫皖边特委，组建中国工农红军第一军。接着，中共中央于 2 月 25 日至 3 月 22 日，在短短的 26 天时间内连续向鄂豫边特委发出 5 次指示信及决定。

周恩来为统一鄂豫皖边区党和红军的组织领导作出了富有远见卓识的战略决策，这些措施促使鄂豫皖革命根据地迅速形成和崛起，随后在短短的两年多时间里发展成为仅次于中央苏区的全国第二大革命根据地。

1937 年七七事变后，日本帝国主义全面侵略中华大地，战火燃遍大半个中国。1937 年 9 月，周恩来到达武汉，担任中共中央代表、中共中央长江局副书记，进行党的工作和统一战线工作。长江局管辖范围包括鄂豫皖、鄂豫边地区，周恩来多次出席或主持会议，听取鄂豫皖、鄂豫边地区的红军坚持游击战争的情况，并对这些地区的党的工作和军事工作作了具体指示。

在河南，作为豫南抗日根据地的竹沟，以其重要的战略地位和良好的发展形势引起党中央、长江局的异常关注。周恩来亲自指示："竹沟的战略地位非同一般，是我们在中原的依托。"

1938 年 2 月，他向中共中央书记处建议，调任文武兼备的彭雪枫来到竹沟，发展抗日武装，组织和领导鲁、豫、苏、皖四省的军事工作。不久，满怀激情、肩负重任的彭雪枫，以八路军总部少将参谋处长名义，来到竹沟，并担任中共河南省委军事部长，在周恩来和河南省委的领导下，积蓄力量，训练干部，组建部队，发展与扩大党的力量。从此，竹沟成了中原抗日游击战争的重要战略支撑点。

1938 年 4 月 14 日和 22 日，中共中央长江局两次会议作出决定：将留在河南确山县竹沟镇保护后方根据地的新四军四支队第八团归周恩来直接领导。在周恩来的直接领导下，竹沟抗日根据地日益巩固，人民武装迅速发展。9 月初，周恩来进一步指示河南省委将工作重点移向豫东，开创苏鲁豫皖抗日根据地。彭雪枫立即率部挺进敌后，开创鄂豫苏边区，发展游击战争，并沟通了与八路军冀鲁豫部队的联络，到年底打开了豫东抗战的新局面。

大概是由于周恩来与竹沟的这段革命情结，1957 年竹沟建立革命纪念馆时，身为总理的他百忙之中欣然为纪念馆题写了"确山竹沟革命纪念馆"匾额。

抗战结束后，中原人民还没有充分享受抗战胜利的喜悦，内战的乌云已经翻滚密布。

1945 年，日本宣布无条件投降后，国民党一边放出"和平调停"的烟幕弹，一边调动 30 万军队，把中原军区 6 万多人包围在以湖北宣化店为中心，东西不到 100 里、南北仅为 50 里的狭小地区，伺机发动突然袭击，以此公然挑起全国内战。

中原局势引起周恩来的严重关注。为制止中原内战，周恩来与国民党、美国政府代表严正交涉，力主进行实地调处。在周恩来坚持下，国民党、美国两方被迫接受建议，同意前往宣化店进行军事调处。

1946 年 5 月 6 日清晨，雨后初晴，朝霞满天。在武汉通往宣化店崎岖不平的公路上，中共中央代表周恩来、国民党代表王天鸣、美国政府代表白鲁德以及军事调处执行小组成员、媒体记者分乘四辆吉普车，缓慢地向前行驶。经过两天的艰难跋涉，8 日中午，周恩来等人终于到达宣化店。

周恩来一行受到中原军区司令员李先念、副司令员王树声、参谋长王震等领导和当地军民的热烈欢迎。

抵达宣化店后，周恩来来不及歇息，立即匆匆赶到中原军区司令部，同中原军区主要领导研究谈判事宜。周恩来指出：和平已不可能，内战难以避免，中原军区部队要随时做好迎击敌人突然进攻的准备。

当日下午，在宣化店竹竿河西岸的湖北会馆，周恩来与国民党、美国政府的代表进行了针锋相对的谈判。会谈后，周恩来不辞劳苦，来到附近的军区机关、部队看望指战员。当晚，中原军区举行了欢迎晚会，晚会结束后已是深夜，周恩来又不辞劳苦连夜主持召开了中原军区领导干部会议。会议研究了当时形势，制订了武装突围实行战略转移的方案。会议结束时已是第二天凌晨。周恩来匆匆吃过早饭，又神采奕奕地参加调处小组举行的会议。9 日上午，因军务繁忙，周恩来离开宣化店，回到武汉，并在汉口杨森花园与国民党、美国政府代表继续会谈。经过周恩来的坚持，迫使国民党和美国政府代表签订了《汉口协议》。

但是，正如周恩来所料，6 月下旬，蒋介石撕毁协议，密令国民党军队向宣化店集结，对中原军区部队进行大包围，并计划于 6 月 22 日向中原解放区发动全面的进攻。中原军区遵照中央和周恩来的战略部署，以极小的代价，巧妙实施中原突围。

宣化店会谈两个月后，周恩来再次来到中原，这也是史料记载中周恩来第一次真正意义上来到河南。

1946 年 7 月 19 日，周恩来乘坐专机由上海飞抵开封，与国民党进行“黄河归故”谈判。

“黄河归故”是国民党反动派蓄谋已久的阴谋。抗日战争中，国民党政府以水代兵，炸开了郑州花园口黄河大堤，制造了震惊中外的花园口事件。抗战胜利后，国民党政府为了配合向中原解放区发动全面进攻，提出了“黄河归故”的计划，表面上是让黄河回归故道，实际上企图再次“以水代兵”，水淹解放区，制造第二个黄泛区。

面对国民党反动派欲盖弥彰的阴谋，中共中央以人民利益为重，同意黄河回归故道，但主张先复堤、浚河、迁移河床居民，然后堵口，不使下游发生水灾。这与国民党反动派提出的先堵口放水的计划大相径庭。因此，围绕“黄河归故”问题，国共两党前期已经进行了一系列的谈判和尖锐的斗争。1946 年 6 月下旬，就在国民党反动派向中原解放区发动全面进攻前夕，他们不顾历次黄河问题谈判成果，悍然单方决定在花园口堵口。但由于时值汛期，水流湍急，堵口没有成功。

为了阻止国民党反动派的一意孤行，1946 年 7 月 18 日至 22 日，周恩来在上海分别同国民党政府和联合国善后救济总署代表进行谈判。谈判期间，为深入了解实际情况，周恩来决定亲自到开封视察，以便研究对策。

7 月的开封正值盛夏，秘密到达的周恩来来不及休息，下午就冒着酷暑乘车来到郑州花园口考察，傍晚时回到开封后，下榻在开封南郊距离陇海铁路不远的一座外国人建造的红洋楼东楼。在周恩来安排下，冀鲁豫解放区负责人张玺、段君毅连夜乘车赶到开封红洋楼，会同解放区黄委会主任王化云等同志，详细向周恩来汇报了关于黄河复堤等方面的情况。

7月20日，周恩来出席了国民党黄委会举行的由解放区代表、国民党代表、联合国善后救济总署代表、国民党行政院善后救济总署代表等多方代表参加的“黄河归故”问题座谈会。座谈会上，周恩来以渊博的知识，气宇轩昂的谈吐，义正词严地揭露了国民党破坏复堤工程、把黄河作为战争工具的阴谋，重申了“先复堤，后堵口”的原则立场。

第二天，周恩来飞回到上海。7月22日，周恩来在上海与联合国善后救济总署中国分署、国民党行政院善后救济总署的代表签署了关于黄河问题的《协定备忘录》（又称《上海协定》）。中共提出的“先复堤，后堵口”方案取得了胜利，保卫了黄河两岸人民的生命财产安全，粉碎了蒋介石集团的阴谋，为刘邓大军过黄河争取到了难得的宝贵时间。

新中国成立后，周恩来同志担任总理长达26年。他既是国家建设总体蓝图的重要设计者，又是将它付诸实施的卓越组织者和管理者。他日理万机，但对河南的工作依然关注。据不完全统计，新中国成立后周恩来先后多次到河南来，其中到过郑州4次，洛阳4次，三门峡3次。

1958年4月20日至25日，时任中共中央副主席、国务院总理的周恩来到河南省视察工作。这是新中国成立后周恩来第一次到河南。

1958年4月20日下午，郑州西关虎屯的社员们像往常一样在田地里劳动着。几辆黑色的伏尔加牌小轿车突然停在了西关虎屯村口。车子停稳后，中共中央副主席、国务院总理周恩来，中共中央政治局委员、国务院副总理彭德怀，中共中央委员、国务院秘书长习仲勋等中央领导走出小轿车向村内走去。

虽然村里已经接到通知说有几位中央领导要来视察，但他们没想到会是周总理。兴奋而激动的村民欢呼着围了上来，周恩来热情地与他们打着招呼，风趣地聊着天。随后，周恩来提议直接到麦田去看看。

时值暮春，正是麦子抽穗时节。在微风吹拂下，绿油油的麦田生机勃勃。在麦田里，周恩来蹲下身子折了一个麦穗，开始一个一个地认真数着此麦穗有多少麦粒，接着又伸开手以手指为尺子一拃一拃丈量，并数了数用手测量过的地方有多少支麦穗，闭上眼睛算了一会儿，他十分肯定地说道："我刚才算过了，一亩地应该能收获 470 斤左右。"那片被总理丈量过的麦田，就在丰产路与经五路口，如今已是郑州最繁华的地段之一。

离开麦田，周恩来突然提出要到社员家里看看。他随机走进几位社员家中，了解社员生活情况，周恩来叮嘱地方干部，一定要关心群众的生活。20 日，周恩来在河南省直机关党员干部会议上，就国内外形势和党的社会主义建设总路线等问题作了重要讲话。

周总理时刻牵挂着百姓疾苦，哪里有危险，哪里就有他的身影。与毛泽东新中国成立后第一次出京巡视黄河一样，周恩来总理的日程表上，有一项经常性的工作就是黄河治理问题。他对黄河安澜时刻牵挂，新中国成立后周恩来先后多次到河南来，其中，因为黄河的事就来了不下 5 趟。

1958 年 7 月，黄河出现特大洪涝，京广铁路郑州黄河铁桥被肆虐的洪水拦腰截断，作为中国铁路大动脉的京广线顿时瘫痪。灾情惊动了国务院，周恩来立即带领相关人员乘专机飞速赶到郑州。大雨中，周恩来赶到大桥抢险工地，视察水情，制订抢险方案。在抢险施工单位大桥局工程处院子里，周总理冒雨与施工人员及郑州铁路局等单位的上百名干部职工谈话。周总理鼓励大家与暴风雨和洪水斗争，尽快修复大桥。在周总理等中央领导的鼓舞下，在全国的支援下，郑州铁路局、大桥局工程处经过 14 个昼夜的奋战，黄河大桥重新修通，京广线恢复通车。8 月 5 日，周恩来再次抵达郑州，视察 8 月 2 日修复通车的黄河大桥，并分别召集抢修大桥职工代表和抢架浮桥的军官和技术人员座谈会，听取工作汇报。

洛阳是中国第一个五年计划重点建设的工业中心之一，中国一拖、中国一轴、中钢洛耐等重工企业构成了中国当时最先进的工业基地之一。1959年10月12日至13日，周恩来在河南三门峡、洛阳等市视察期间，特地视察了有共和国农机工业“长子”之称的中国一拖。在中国一拖，周恩来语重心长地叮嘱厂领导：“你们是中国第一啊！要出中国第一的产品，出中国第一的人才，创造中国第-·的业绩。”这三个“第一”至今仍被该厂作为企业精神。随后，周恩来又视察了洛阳轴承厂和洛阳矿山机器厂。

洛阳牡丹名满天下，周总理非常喜爱牡丹。新中国成立后，周总理曾4次莅临洛阳，但都未能欣赏到洛阳牡丹。1958年4月25日，周总理视察完三门峡大坝返回后，到洛阳偃师农村视察农田水利建设，这次虽是牡丹花开季节，但总理日理万机，没时间到市区参观。1959年9月周总理到洛阳视察工业建设，其间参观了中国一拖、洛轴集团，对企业生产作了重要指示。这一次，周总理提到了洛阳牡丹的发展问题，表示了春季到洛阳看牡丹的愿望。

1961年10月8日，周总理和陈毅元帅陪同尼泊尔国王到洛阳参观龙门石窟。在周总理提议下，陈毅元帅为即将开通的龙门石拱桥题写了“龙门”二字。

1973年10月14日，阳光灿烂，风和日丽，周总理最后一次到洛阳，这次是陪同加拿大总理特鲁多。他们参观了龙门石窟，品尝了洛阳水席。在参观龙门石窟时，总理对景区出售的《龙门二十品》书法拓本爱不释手，但因价格贵带钱不足只好作罢，并断然拒绝了当地领导要送给总理的请求。在品尝洛阳水席席间，周总理发出了与洛阳牡丹再次失之交臂的感叹。总理曾多次遗憾地表示：“明年春天一定来看牡丹。”以至于当时洛阳幼儿园的孩子们都唱起了“牡丹牡丹快快开，牡丹花开总理来”的儿歌。虽然总理没能在洛阳看到牡丹，但在总理的关怀下，从20世纪50年代起，洛阳牡丹就已移植中南海。如今，中南海已遍植洛阳牡丹，一到春天，姹紫嫣红，国色天香，给这里带来了春天的芬芳。

三门峡是随着万里黄河第一坝——三门峡大坝的建设而崛起的一座城市。周恩来一生心系三门峡水利工程的建设，分别于1958年4月、1959年10月、1961年10月三次视察三门峡。

作为苏联援建我国的156个项目之一，三门峡水利工程建设工作1954年开始启动，1955年全国人大一届二次会议后，周恩来具体负责三门峡水利工程机构的组建工作。1957年4月，三门峡水利枢纽工程正式开工。但是，在围绕三门峡水库泥沙淤积问题上，直到开工，争论一直没有停止。

1958年4月21日，迎着和煦的春风，周恩来在国务院副总理彭德怀、国务院秘书长习仲勋的陪同下，来到三门峡工程建设工地实地调研。这次出行，周恩来一行先是到郑州视察了农村工作，接着到三门峡，返回时又视察了洛阳偃师农村。在热火朝天的工地上，周恩来一行仔细察看建设情况，热情慰问建设工人。随后，在三门峡宾馆，周恩来主持召开河南、山东、陕西省负责同志和国务院有关部门负责人参加的现场会。会议连续召开三天，会场上关于三门峡水库水位问题的讨论异常激烈。4月24日会议结束，在周恩来等人的努力下，更改了苏联专家的设计方案，降低了蓄水位，减少了泥沙影响。会议结束后的当天下午，周恩来一行还赶到距离三门峡20公里的陕县大营村视察，在田间地头、村舍民居与当地百姓亲切交谈，了解当地群众的生产生活情况。

1959年10月12日，周恩来再次来到三门峡工地，并主持召开有中央有关部门与河南、陕西、山西、湖北等省负责人参加的现场会。这次现场会主要讨论三门峡工程1960年汛期拦洪蓄水和以后继续根治黄河的问题。周恩来在会上对根治黄河提出了一些具体要求和独到见解。

1961年10月8日，在中苏关系进入冷淡期、苏联撤走大批专家、三门峡工程面临停顿的时期，周恩来总理和陈毅副总理陪同尼泊尔国王马亨德拉第三次来到三门峡，视察三门峡水电站建设情况。他鼓励工地技术人员艰苦奋斗，自力更生，并协调解决三门峡工程建设过程中的设备难题。虽然以后周恩来没有再到三门峡，但在三门峡工程泥沙淤积问题上，周恩来在京多次主持召开会议，研究解决方案，实施工程改建，为我国水利工程建设积累了成功经验。

1973年后，由于国内形势越来越复杂，同时，周恩来早在1972年被确诊的膀胱癌病情也越来越重，周恩来没能再次踏上河南的土地。1976年1月8日，与癌症苦苦搏斗四年后，深受人民爱戴、享誉中外的世纪伟人、中国人民的好总理周恩来与世长辞。

周恩来一身正气，两袖清风，奉献一生，大公无私，鞠躬尽瘁。他严格要求自己的亲属，曾给亲属们定下"十条家规"，从没有利用自己的权力为自己或亲朋好友谋过半点私利。周总理的侄子周荣庆，在军队转业时,根据总理要求被分配到河南焦作,先后在多家工厂工作。在工厂，周荣庆只是没有任何职务的普通干部，没有人知道他的身世。周荣庆在焦作结婚、定居，过着普通人的生活。他在焦作的祖孙三代10多口人中，只有大儿子有正式工作，其他人靠做些小生意、打工维持生活。他们默默无闻地在焦作度过了50多个春秋。

1974年10月，洛阳下乡知识青年杨根生为了表达对总理的深厚情感和崇高敬意，给总理寄去了一封信和7公斤当地产的苹果。几天后，杨根生收到国务院信访室回信，信中表示了总理的谢意，因为总理从来不接受礼品，苹果又不便退回，所以总理从自己工资中抽出10元钱寄给杨根生，作为买苹果和邮寄的费用，并勉励他认真学习，努力工作。

周恩来身后没有留下任何个人财产，他和邓颖超同志一生中的全部工资积蓄都交了党费。他的骨灰撒在了祖国的江河大地上。

周恩来同志是伟大的马克思主义者，党和国家主要领导人之一，中国人民解放军主要创建人之一，伟大的无产阶级革命家、政治家、军事家和外交家。他的卓著功勋、崇高品德、光辉人格，深深地铭刻在中国各族人民心中。

刘少奇在河南

1938年11月27日黄昏时分，豫西大地寒风劲吹，雪花飞舞，位于古城渑池县城北的八路军兵站迎来了10多位风尘仆仆从延安赶来的八路军将士。

渑池八路军兵站作为抗战时期我党在豫西设立的重要交通线，每天迎来送往很多抗战壮士和物资，这支队伍的到来并没有引起兵站工作人员的重视。他们只知道其中一位身材瘦高、披着军大衣的中年男子是位首长，他的名字叫胡服。这位叫胡服的首长在渑池停留了将近两个月，并在此写下了中共党史上的不朽篇章——《共产党员的修养》的提纲，他就是时任中共中央中原局书记的刘少奇。

刘少奇1898年11月24日出生于湖南省宁乡县花明楼炭子冲一个农民家庭。8岁的时候，刘少奇被重视教育的父亲送到私塾读书，在不同的私塾读了6年书后，刘少奇先后考入宁乡县第一高等小学、长沙陆军讲武堂、长沙育才中学。

1919年夏，在五四爱国运动的影响下，刘少奇在育才中学毕业后，没等到发毕业证书便奔赴北京，参加了爱国学生组织的请愿示威游行活动。五四运动后期，在留法勤工俭学的热潮中，刘少奇进入河北保定育德中学附设的留法高等工艺预备班学习。因筹措不到去法国的费用，刘少奇只好返回长沙,但去国外留学已成为这位思想先进的年轻人的梦想。

1920年底，刘少奇萌发了留俄的想法，并到上海外国语学社留俄预备班学习。外国语学社是上海共产主义小组创办的，主要为输送革命青年赴苏俄学习做准备。刘少奇在这里完全接受了马克思主义教育，已成为一个坚定的马克思主义信仰者。

1921年夏，刘少奇一行十几人到达莫斯科，并进入莫斯科东方劳动者共产主义大学学习。同年，刘少奇加入中国共产党。1922年春，刘少奇根据组织安排回国，在中国劳动组合书记部工作。

1922年7月，中共二大后，受陈独秀指派，刘少奇回到湖南，在毛泽东担任书记的中共湘区执行委员会工作，担任中共湘区执行委员会委员。9月，刘少奇受中共湘区执行委员会和毛泽东委派，到安源路矿领导工人运动。在毛泽东、李立三、刘少奇等领导下，罢工取得完全胜利。1925年以后，刘少奇先后参加领导了五卅运动、省港大罢工和武汉工人收回汉口英租界罢工等多次工人运动。几次工人大罢工为刘少奇施展政治才能提供了舞台，刘少奇也逐渐成长为领导工人运动的杰出领袖。

大革命失败后，刘少奇辗转上海、天津、东北、华北等地领导党的地下工作，先后担任中共中央职工部部长、全国总工会党团书记。1932年冬到江西中央革命根据地，任全国总工会委员长和中共福建省委书记。1934年10月参加长征，先后任红军第八、第五军团党中央代表和第三军团政治部主任。1936年，任中共中央代表，赴中共北方局指导工作。抗日战争爆发后，任中共中央北方局书记，领导了山西青年抗敌决死队和华北抗日根据地的创建工作。

1938年9月29日至11月6日，中共六届六中全会在延安召开，会议决定建立中共中央中原局，刘少奇被任命为中原局书记。会后，刘少奇同志带着随行人员从延安出发，经西安八路军办事处，于11月27日来到渑池。

中共中央中原局管辖范围很大，包括长江以北、陇海路以南的河南、湖北、安徽、江苏一带，中原局的机关驻地是确山竹沟，但由于工作需要，刘少奇没有立即动身前往，而是在渑池安顿了下来。刘少奇住在渑池县城东关中山大街（现海露大街）兵站所属的一座老式院子。院子远离城区，古朴幽静。刘少奇通常是白天调研、走访，晚上学习、处理文件。半个月后，刘少奇已经对豫鄂皖苏党组织建设情况了如指掌，对如何发动中原地区的抗日游击战争有了清晰的思路。

为了向豫西党组织传达中央六届六中全会精神，12 月 20 日，刘少奇召集了豫西特委及各中心县委的主要负责同志，以八路军渑池兵站为掩护，秘密召开了“豫西特委扩大会议”。会上，刘少奇同志传达了党的六届六中全会精神，讲了当前形势和任务，并结合豫西的实际情况，提出要大力发展党的组织和党领导的武装力量，随时准备开展游击战争，建立和发展抗日根据地。

会后，为了适应游击战争的需要，刘少奇将豫西特委改为豫西省委，将中心县委改为地委，并任命了豫西省委的人员组成，安排了分工。同时，根据刘少奇的建议，新成立的豫西省委在渑池兵站举办了两期党员干部训练班，先后培训了 80 多人，为豫西党组织培养了一批骨干力量。这些措施都极大地推动了豫西地区的革命斗争。

在渑池，刘少奇有了更多的时间学习和思考。除了处理豫西和中原局的一些工作，他一直思考着一个事关全局的重大课题，即党的思想建设问题。

抗战爆发后，大批热血青年出于爱国之心，纷纷奔赴延安，积极加入中国共产党，全党的思想状况出现新的复杂形势，如何在政治上、思想上、组织上巩固党，成为中国共产党所面临的极为严重的政治任务。先后担任过中共中央职工部部长和中共中央北方局书记的刘少奇，对此关注较多，思考也更深刻，所以，在看了许多哲学书籍后，他开始酝酿思考全面论述共产党员的修养问题了。

刘少奇在渑池的日子紧张而忙碌，他常常工作、学习到深夜。饿了，就烤几个红薯当夜餐；渴了，就顺便找口凉水解渴；困了，就抽几口当地产的低档香烟提神。刘少奇生活俭朴，待人和蔼，兵站的同志都对这个延安来的“胡服”首长充满了敬佩和爱戴之情。

历经几十个孤灯寒夜，一份中共党史上的不朽篇章——《共产党员的修养》的提纲出炉了。《共产党员的修养》的提纲写在粗麻纸上，一共 6 页，刘少奇以自己的观察和思考，讲述了党的路线、方针、政策和任务，特别是党员的政治觉悟、思想教育和品德修养，是中国共产党历史上第一个关于党员思想教育的纲领性文献。

《共产党员的修养》的提纲首先在豫西省委举办的第一期党员干部训练班上亮相。刘少奇亲自为训练班讲课，其中包括讲授《共产党员的修养》。参加训练班的地方党政领导干部第一次听到这样内容新颖、思想深刻的报告，直到今天，一些健在的当年聆听过刘少奇报告的老同志还赞不绝口。刘少奇利用讲课、做报告等各种机会，不断对《共产党员的修养》进行修改和完善。

1939 年 1 月，八路军副总司令彭德怀从华北抗日前线来到渑池，与刘少奇一同到洛阳会晤国民党第一战区司令长官卫立煌。卫立煌是国民党内爱国的高级将领，他在担任第二战区副司令长官兼第二战区前敌总指挥期间，曾与在华北前线英勇抗击日寇的八路军建立了友好合作关系。

彭德怀与刘少奇在洛阳受到卫立煌的隆重接待。经过磋商，卫立煌同意将洛阳八路军通讯处升格为八路军办事处。刘少奇也因此在洛阳八路军办事处停留了一个多星期。其间，他召集河南省委同志开会，共同研究、布置河南省的抗战工作。

1939 年 1 月 25 日清晨，刘少奇一行乘坐国民党第一战区司令部的一辆烧木炭的汽车离开了洛阳，向中共中央中原局驻地确山县竹沟镇进发。

这种烧木炭的汽车需要人工不停地烧炭作为动力，时速很慢，故障也多，但在当时已经称得上是“豪华轿车”了。汽车翻山越岭，于当日到达南阳，刘少奇一行在南阳稍作停留。安顿下来以后，刘少奇立即召集豫西南地委副书记郭以青和河南省委常驻南阳代表王阑西谈话，听取二人关于豫西南工作的汇报，刘少奇结合中央六届六中全会精神对豫西南的工作作了重要指示。

1 月 28 日，依山傍水的竹沟小镇终于迎来了刘少奇一行。刘少奇到达竹沟后，住在镇北一个四合院内的一间土屋里。很快，中共中央中原局领导机关正式组建，刘少奇为书记，朱瑞、朱理治、彭雪枫、郑位三为委员。刘少奇及时向各级干部传达了中共中央六届六中全会精神，并对中原地区发展抗日武装力量、建立敌后抗日根据地、建立抗日民族统一战线等工作作了具体部署。

作为中共中央中原局驻地，竹沟承担着党中央、中原局向中原各地输送干部、物资、经费的重任。刘少奇指示参照在渑池办训练班的经验，在竹沟举办军政教导大队和党员训练班、青年训练班、妇女训练班、地方武装干部训练班，以及电讯、机要、卫生、供给、司号等专业训练班，培训党政军的各级领导骨干和游击战争所需要的各种技术人才。

为提高竹沟党员干部的思想水平和工作水平，刘少奇多次在党训班、教导大队为学员讲课、做报告。在竹沟，刘少奇在《共产党员的修养》提纲的基础上，经过精心修改完善，终于完成了《论共产党员的修养》全新完整的讲演稿。刘少奇多次给党员干部讲演《论共产党员的修养》，先后有数千名党员干部受到了教育，使中原地区广大党员干部的政治觉悟、思想认识和马列主义理论水平都得到了很大提高，为党在中原地区开展抗日救亡工作，不断开创抗日斗争的新局面起到了非常重要的作用。

同时，为及时传达中央精神，提高干部与部队的素质，指导各敌后抗日根据地的斗争，刘少奇指示在竹沟开办《小消息》报，建立中原印刷厂，翻印马列著作、毛泽东著作以及中共中央机关刊物《解放》杂志。竹沟新四军留守处也先后办起了被服厂、印刷厂、医院、修械厂等后勤机构。

1939 年 3 月，刘少奇接到中央通知，回延安参加中央政治局会议。

不知不觉中，从初来时的天寒地冻到现在的春暖花开，刘少奇已经在竹沟工作近两个月了，对竹沟的一草一木，刘少奇十分留恋，他亲手种植在住处窗前的石榴树，已经长得枝繁叶茂。

让刘少奇欣慰的是，竹沟呈现出生机勃勃、红红火火的局面，先后源源不断地向各个抗日敌后根据地输送了大批干部、战士和物资，已经成了中原地区抗日游击战争的指挥中心、华中抗日武装力量的战略基地。在临别前的一次会议上，刘少奇高兴地说：“延安有党的领导，竹沟也有党的领导；延安有窑洞，竹沟也有窑洞；延安有抗大，竹沟有党训班；延安有延河，竹沟有大沙河；竹沟就是‘小延安’。”从此，“小延安”的美名传扬全国。

1939 年 3 月 18 日，刘少奇离开竹沟回延安参加政治局会议。9 月中旬，刘少奇带领徐海东等 50 多位支援华中抗战的营以上干部，乘坐 3 辆卡车从延安回到竹沟。

但是，这个时候国共合作的局面已经出现逆转，国民党政府开始执行消极抗日、积极反共的路线。这么多人兴师动众到敌后抗日根据地，一旦遇到国民党顽固派，风险极大。好在出发前中央已经做了充分安排，车队以中共中央检查新四军工作组的名义，全部着国民革命军军服，由徐海东担任组长，佩戴国民革命军少将的军衔。为了保证刘少奇的安全，刘少奇依旧化名“胡服”，以“秘书”身份，“跟随”徐海东赴竹沟。一路上，有惊无险。特别是车队经过洛阳，在出城时遭遇国民党宪兵队盘查，好在徐海东亮出“国民革命军少将”的军衔，才化险为夷。

就这样，白天徐海东当“首长”，刘少奇当“秘书”，晚上刘少奇是首长，徐海东当学生，听刘少奇讲《论共产党员的修养》。这支队伍很快安全地回到竹沟。

此时的竹沟形势也比较严峻，周边的国民党顽固派磨刀霍霍，不断地制造摩擦事件，阴谋大举进攻竹沟。而竹沟的抗日武装主力，已经由周骏鸣、彭雪枫、李先念率领先后分三批开赴前线抗日，竹沟只留下少数武装和机关工作人员及伤病员。

回到竹沟的刘少奇紧急部署，他要求竹沟要保持高度警惕，准备随时迎击敌人的进攻。同时，刘少奇向中央书记处报告，认为竹沟的战略使命已经基本完成，竹沟党政指挥机关和武装力量应该逐步撤离竹沟，转移到苏皖和豫鄂边敌后。经中央同意，10 月下旬，刘少奇率领徐海东、刘瑞龙等中原局机关、干部大队学员 300 多人，离开竹沟向苏皖地区进发。

正如刘少奇所料，11 月，国民党顽固派和地方反动当局向竹沟发动突然袭击，制造了骇人听闻的“竹沟惨案”。

刘少奇到达苏皖地区以后，提出大力发展苏北根据地的战略决策，为新四军胜利实现党中央发展华中战略意图奠定了坚实基础。

1942 年 3 月，刘少奇奉命由苏北回延安。经过 9 个多月的长途跋涉，穿越敌人 103 道封锁线，于 12 月底安全回到延安。1943 年 3 月，在中共中央政治局会议上，刘少奇被任命为中共中央书记处书记、中央军委副主席。从此，刘少奇正式进入中央领导核心，成为毛泽东的得力助手，为新中国的诞生和社会主义建设付出了艰辛的努力，建立了不朽的功勋。

新中国成立后，刘少奇先后担任中央人民政府副主席、全国人民代表大会常务委员会委员长、中共中央副主席、中华人民共和国主席等职务。同时，刘少奇十分关注河南的建设事业，先后 10 多次到河南考察和指导工作，郑州、洛阳、开封、三门峡等地都留下刘少奇的足迹。刘少奇指导河南解决社会主义革命和社会主义建设中遇到的各种新问题，激励河南干部群众搞好社会主义建设，在河南人民心中享有崇高的威望。

“文化大革命”中，刘少奇遭受林彪、“四人帮”两个反革命集团的残酷迫害，被强加以“叛徒、内奸、工贼”的罪名，“永远开除出党，撤销其党内外的一切职务”。1969 年 10 月 17 日晚，身患重病、奄奄一息的刘少奇被从北京秘密押送至开封市革命委员会一个僻静而阴森的小院“监护”起来。1969 年 11 月 12 日，刘少奇在这里蒙冤逝世。1980 年 2 月，党的十一届五中全会作出《关于为刘少奇同志平反的决议》，为刘少奇平反昭雪。伟大的马克思主义者，伟大的无产阶级革命家、政治家、理论家，党和国家主要领导人之一，中华人民共和国开国元勋刘少奇同志终于可以含笑九泉。

朱德在河南

1886 年 12 月 1 日，朱德出生在四川省仪陇县马鞍镇琳琅山脚下李家湾一个佃农家庭。尽管家里十分贫困，但父母仍节衣缩食，甚至不惜借债，支持朱德读了 10 多年书，完成了从私塾到高等小学、中学、高等学堂的全部学业。

1908 年，22 岁的朱德从四川通省师范学堂附设体育学堂毕业，回乡担任仪陇县立高等小学堂体育教师。一年后，视野开阔、抱负远大的朱德决定投笔从戎，与同乡好友徒步 3 个月，来到昆明，考入了云南陆军讲武堂。在讲武堂，朱德的思想发生了重要变化，加入了同盟会，成为一个民主革命者。

1911 年 8 月，朱德从讲武堂毕业，被分配到滇军部队。在护国战争和军阀争战中，朱德战功赫赫，从排长一直升至旅长，名震川滇。但袁世凯死后，全国陷入了军阀混战，朱德对黩武争权苦闷而厌倦。正当朱德深感报国无门时，俄国十月革命成功了，这使朱德看到了走向新世界的曙光。

1919 年五四运动爆发后，朱德开始学习和研究马克思主义的理论，这使他在思想上逐步从民主革命者向共产主义者转变。1922 年，朱德主动舍弃高官厚禄，毅然决定去工人运动和马克思主义的故乡法国、德国学习考察。

出国前，朱德经朋友介绍到上海拜见当时的中共中央总书记陈独秀，提出希望加入中国共产党的想法。但陈独秀认为朱德做过旧军阀高级军官，婉拒了他的要求。失望之余的朱德与好友孙炳文于1922年9月从上海来到巴黎，10月份又赶到德国柏林，见到了中共旅欧支部负责人周恩来。周恩来热情接待了朱德与孙炳文。11月份，经周恩来等介绍，朱德和孙炳文一道被批准加入中国共产党。从此以后，朱德成为一个真正的共产主义者。

1926年，朱德在从欧洲转道苏联学习回国后，先后领导发动了南昌起义、湘南起义，1928年4月率部与毛泽东领导的工农革命军在井冈山胜利会师。土地革命战争时期，历任中国工农红军第四军军长、红一军团总指挥、红一方面军总司令、中国工农红军总司令、中央革命军事委员会主席。也就在这一时期，朱德在革命队伍中树立起了崇高的威望，受到人们的衷心爱戴和拥护。1937年7月，抗日战争全面爆发。9月，朱德出任八路军总司令，东渡黄河，开赴山西太行山区抗日前线。

太行山脉北起滹沱河，南抵黄河，绵延盘旋在山西、河北、河南等省之间。抗日战争初期，朱德亲率八路军在太行山区坚持华北抗战，迅速打开了华北抗战局面。

1938年1月中旬，凛冽的寒风中，一列火车缓缓离开山西临汾火车站，向河南洛阳方向驶去。火车上，身为八路军总司令的朱德与国民党第二战区前敌总指挥卫立煌热烈地交谈着。西安事变之后，国共两党再次合作，联合抗日，这次去洛阳，就是参加蒋介石主持召开的第一、二战区军事会议。与朱德同行的还有八路军副总指挥彭德怀、八路军一二九师师长刘伯承、八路军一二〇师师长贺龙、八路军一一五师师长林彪等八路军高级将领。这次洛阳之行，是党史记录上朱德第一次到河南，也是这次洛阳之行，朱德与国民党爱国将领卫立煌建立起深厚的友谊。在朱德的影响下，抗战初期卫立煌成为国民党爱国将领中坚持团结、坚持抗战的典范。

洛阳会议时间不长，会上给八路军分配了切断日军后方交通线、策应正面战场的军事任务。会议期间，朱德等八路军将领在洛阳会见了蒋介石，就国共两党军队合作、协同作战初步达成共识。会议结束后，为了加强对平汉铁路和津浦铁路袭扰的力量，卫立煌从他的部下抽调六个团交给朱德指挥，这是中共历史上第一次出现由中共将领指挥国民党军的情况。

但是，国共这种友好合作的时间并不长。1940 年，抗日战争转入相持阶段，国民党顽固派掀起反共高潮，不停制造摩擦。1940 年 4 月，朱德根据中央指示，决定在回延安途中，赴洛阳与已经担任国民党第一战区司令长官的卫立煌会谈团结抗战问题。4 月 25 日，朱德携夫人康克清以及随从人员从八路军总部驻地武乡县王家峪出发，经平顺，出陵川，入晋城，5 月初来到河南济源境内太行山的最南端。

5 月的太行山层峦叠翠，风光秀美，朱德骑着一匹威风凛凛的大洋马走在队伍的最前头。马上就要走出苍茫的太行山了，朱德不由得勒马驻足。他站在山顶上极目远望：前方，是奔腾不息的母亲河黄河；背后，是数十万八路军将士浴血奋战的热土；远方，是日寇进攻的隆隆炮声。亘古旷世的太行山，历经金戈铁马烽火硝烟的洗礼，依旧巍然耸立。此时此刻，他不由得心潮澎湃，思绪万千，即兴赋诗一首，这就是著名的抗战七绝诗《出太行》：“群峰壁立太行头，天险黄河一望收。两岸烽烟红似火，此行当可慰同仇。”这首诗昂扬向上，雄浑豪放，表达了一代开国将帅的英雄气概和豪壮情怀。后来，周恩来把这首诗稿带到了重庆，并发表在《新华日报》上，成为激励无数抗战志士的壮丽诗篇。

5 月 6 日，朱德一行经济源五龙口出太行，7 日于济源西南渡过黄河，当日顺利到达洛阳。

对于朱德的到来，卫立煌盼望已久，他热情接待了老朋友，特地将朱德和康克清夫妇安排在自己的官邸住宿。朱德一行在洛阳停留了十多天，卫立煌力尽地主之谊，不仅白天陪同朱德游览洛阳名胜，晚上还多次举办招待宴会，朱德等人因此欣赏了著名豫剧演员陈素真、常香玉的精彩演出。

朱德与卫立煌的会谈几乎是在谈笑间完成的，会谈轻松地达成了多项合作协议。在洛阳期间，卫立煌根据朱德的要求释放了部分国民党顽固派在豫北抓捕的八路军官兵 100 余人。在此前后几年间，卫立煌的部队与八路军密切合作，多次在黄河北岸联合抗击日军。

抗日战争胜利以后不久，国民党掀起全面内战，中国进入解放战争时期。在解放战争期间，担任中国人民解放军总司令的朱德，在去河南濮阳孙王庄华东野战军司令部的途中，遭遇险情，他凭着超人的沉着镇定，果敢机智，上演了一场“浑水摸鱼”的好戏，最终化险为夷，这成为他战争生涯中的一段佳话。

故事发生在 1948 年 5 月。朱德在河北阜平县城南庄参加完中共中央书记处扩大会议之后，在华东野战军司令员陈毅、副司令员粟裕的陪同下，5 月 10 日离开城南庄，代表党中央和中央军委到河南濮阳华东野战军司令部进行视察指导。

阜平县距离濮阳县有千里之遥，道路艰险，途中还必须要经过敌占区。朱德一行乘坐从国民党军队缴获来的两辆吉普车和一辆卡车，昼夜行车，一路南下。车队过了邯郸之后，便进入国民党军队驻守的敌占区，为了安全起见，车队改为夜间行车。

一天傍晚，车队借着夜色刚刚上路，突然接到报告，说是前方发现有 200 人左右的国民党士兵正朝车队走来。更危险的是，在车队后面，几辆国民党的汽车正向车队驶来。危急关头，朱德果断决定：“全体警戒，做好战斗准备！打开汽车大灯，继续朝前开！没有命令，不许开枪！”

车队继续若无其事地朝前开去，而车上的人则紧握打开保险的枪支。车队离敌兵越来越近，透过车灯已经能清楚看见敌兵的面孔。突然，戏剧性的一幕出现了：敌兵中有人喊了一声口号，原来松松散散的队伍立马排成整齐的队伍，列在路边，向车队行注目礼。而后边的国民党汽车也一直与车队保持着距离，不敢超车。原来，敌兵把车上的人当成了国民党军官。他们做梦也没想到，车上坐着的却是中国人民解放军的总司令和华野司令员、副司令员等八路军高级将领。

在敌兵的“夹道欢迎”和“护卫”下，朱德一行安全通过敌占区，于5月13日顺利到达濮阳孙王庄。

孙王庄的王家大院是一处占地400多平方米的老宅，华东野战军的司令部就驻扎在这里。风尘仆仆的朱德到达濮阳以后，顾不上休息，洗了把脸就来到会议室，听取华野部分纵队司令员的汇报。当晚，朱德参加了华野第一纵队直属队为他举行的欢迎会，朱德在欢迎会上发表了热情的讲话。

这次濮阳之行，朱德在濮阳停留了6天左右。在濮阳，朱德先后在团以上干部会议，连、排、班士兵代表会议上，传达了党中央、毛主席的指示和对华东野战军的问候，发表了针对当前形势和任务的重要演讲，强调了军队思想教育和纪律建设的重要性。他的演讲深入浅出、形象生动，会场上不时发出热烈的掌声。

在濮阳期间，朱德与华野一兵团师以上干部逐个谈话，详细研究、制订作战计划。同时，朱德还深入基层，到食堂与士兵一同吃饭，到集市上与商贩聊天，到田间地头与农民拉家常，总司令平易近人的风范在普通士兵和当地老百姓中间广为传颂。

朱德走后，华东野战军按照朱德主持制订的作战方案，南渡黄河，与中原野战军一起，发起豫东战役，开始了逐鹿中原的战略行动。

朱德回到延安不久，参与组织和指挥辽沈、淮海、平津三大战役和渡江战役，为解放全中国作出巨大贡献。

1976年7月6日，朱德在北京逝世，享年90岁。伟大的马克思主义者，伟大的无产阶级革命家、政治家、军事家朱德，为中国人民的解放事业、为伟大的共产主义事业奋斗终生，立下了不朽的历史功勋。

邓小平在河南

邓小平是伟大的马克思主义者，伟大的无产阶级革命家、政治家、军事家、外交家，中国共产党、中国人民解放军、中华人民共和国的主要领导人之一，中国社会主义改革开放和现代化建设的总设计师，中国特色社会主义道路的开创者，邓小平理论的主要创立者。一代伟人邓小平有相当长的时间征战在河南，在中原大地度过了他一生中最辉煌的军事生涯。

1904 年 8 月 22 日，邓小平生于四川省广安县协兴乡牌坊村的一个农民家庭。5 岁时，邓小平被父亲送到村里的私塾读书。在私塾读书时，邓小平非常聪明，又很用功，课文背得非常流利，毛笔字写得也很好。在私塾学习了一年多后，父亲又把他送到附近的北山小学读书。4 年后，聪明刻苦的邓小平考上了广安县高小。3 年后又考入广安中学。1920 年 8 月，刚满 16 周岁的邓小平赶上了赴法国勤工俭学的热潮，从重庆乘船到上海，9 月从上海乘法国邮船来到法国勤工俭学。

在法国，邓小平大部分时间只是做工，而且是学不到多少技艺的苦力工。家中已无力寄钱给他，他只能艰难度日。冷酷的现实，使邓小平原来出国留学时的理想化为泡影。但是，一种新的革命思想强烈地吸引了这个年轻人。在较年长的赵世炎、周恩来等人影响下，邓小平积极学习马克思主义，进行各种政治宣传活动。1923 年参加了旅欧中国社会主义青年团。1924 年下半年转为中国共产党党员，并担任青年团旅欧总支部的领导成员。

1926 年初，邓小平离法赴苏到了莫斯科。他先进东方大学，不久转入中山大学。邓小平在中山大学学习一年。他专心读书，钻研马列主义基本理论。1927 年春，邓小平回国，在中山军政学校工作。

1927 年 4 月，中国政局发生突变。邓小平根据党组织的安排，来到当时中共中央的所在地汉口，担任中共中央秘书。1927 年“八七会议”后，中共中央秘密迁到上海，23 岁的邓小平担任了中央秘书长，主要管理中央机关的文书、机要、交通、财务等工作。

1929 年 9 月，邓小平作为中共中央代表，来到广西南宁开展革命工作。几个月后，百色、龙州起义，左右江革命根据地建立，一代伟人邓小平开始崭露头角，当年他才 25 岁。

1931 年，邓小平前往中央革命根据地，先后担任瑞金县委书记、会昌中心县委书记、江西省委宣传部长。1934 年 10 月，由于第五次反“围剿”的失败，中央红军被迫进行长征。1935 年 1 月，邓小平作为中共中央秘书长，参加了在中国共产党历史上有伟大转折意义的遵义会议。遵义会议后，邓小平先后担任红一军团政治部宣传部长，政治部副主任、主任，直到抗日战争爆发。

抗日战争爆发后，邓小平先任八路军政治部副主任，不久调一二九师任政治委员，师长是刘伯承。1938 年 1 月，他与刘伯承一起开赴太行山区，开辟晋冀豫边区抗日根据地。从此，在相当长的时间里他与刘伯承并肩作战，“刘邓不可分”成为中国革命历程中的一段佳话。

1939 年 4 月，八路军副总司令彭德怀与一二九师师长刘伯承、政委邓小平、副师长徐向前等在清丰县韩村集召开会议。会上，邓小平对当地组织发动群众、建立抗日武装所做的工作给予了充分肯定，并对持久抗战、统一战线、敌伪工作等方面做了重要指示。这是党史记载中邓小平第一次到河南。

抗日战争进入战略相持阶段后，国民党顽固派开始积极反共，消极抗日。1940 年 3 月，为粉碎国民党顽军对抗日根据地的进攻，一二九师发起了磁（县）武（安）涉（县）林（县）战役。时任一二九师政委的邓小平亲自指挥 13 个团的兵力，在姚村一带击溃国民党朱怀冰部主力，粉碎了国民党顽军对太行区抗日根据地的“围剿”。这次战役，邓小平的前线指挥部就设在林县任村镇西坡村，这也是党史记载中邓小平在河南直接领导的战斗。

1945 年 3 月，担任中共中央北方局代理书记的邓小平率领北方局机关，到达中共冀鲁豫中央分局，先住在濮阳市华龙区孟轲乡的李家楼村，后又移住冀鲁豫分局机关驻地豫北清丰县单拐村，与黄敬、宋任穷、杨勇等老一辈革命家共同生活和战斗。邓小平的夫人卓琳和大女儿邓林也陪同邓小平住在单拐村。

邓小平在单拐村工作了 3 个月，与单拐村群众朝夕相处，留下了不少逸闻趣事，单拐村是其一生中在河南连续生活、工作时间较长的地方。在单拐村期间，邓小平深入调查研究，多方听取群众意见，召开了著名的“六六”会议，指导冀鲁豫分局完成发动群众、减租减息的任务，推动了边区民主民生运动的广泛深入开展，为抗日战争和解放战争的胜利作出了积极贡献。单拐村成为当时全国最大的敌后抗日根据地指挥中心，被誉为“中原红都”。

1946 年 6 月，蒋介石公然撕毁和平协议，调集 30 万兵力大举围攻中原解放区，挑起了全面内战。刘伯承、邓小平率领晋冀鲁豫野战军，认真贯彻执行中央军委、毛泽东主席的作战方针，主动放弃了一些城市和地方，集中力量打歼灭战。从 1946 年 6 月至 1947 年 6 月一年时间里，在冀鲁豫战场进行了 8 次重大战役，仅在河南就取得了陇海、滑县、豫皖边和豫北等战役的胜利，攻克了 20 多座县城，歼敌近 10 万人，基本摧毁了国民党联系东西战场枢纽地带的防御体系。其间，1946 年 7 月底刘伯承、邓小平在濮阳县八公桥召开了晋冀鲁豫野战军二、三、六、七各纵队，冀鲁豫军区和后方战勤总指挥部司令员、政委参加的军事会议，会后发动了陇海战役。1946 年 11 月，刘伯承、邓小平在范县白衣阁召开团以上干部会议，会后发动了滑县战役。

1947 年 6 月 10 日，根据毛泽东的指示，刘伯承、邓小平在豫北鹤壁市郊区石林村召开了纵队以上指挥员参加的军事会议。会议贯彻了中共中央和中央军委南下展开战略进攻的战略决策，对强渡黄河、跃进大别山的作战计划作了具体研究和部署。

1947 年 6 月 30 日午夜，刘伯承、邓小平率领 12 万大军，一举突破黄河天险，并发动了鲁西南战役。刘邓大军强渡黄河后，刘伯承、邓小平根据形势果断决定，停止原来的休整计划，提前南进，挺进千里之外的大别山。

1947 年 8 月 7 日，刘邓大军四个纵队及野战军司令部、中原局机关兵分三路向大别山进军。刘邓大军以锐不可当之势战胜数十万国民党军队的围追堵截，先后跨过陇海路，涉过黄泛区，连过涡河、沙河、颍河和洪河，血战汝河，徒涉淮河，经过 20 多天的长途跋涉，胜利到达大别山区，完成了千里跃进大别山的战略任务，揭开了中国人民解放军进行战略进攻的序幕。

对大别山，邓小平有着特殊的认识和感情。邓小平的女儿邓榕所著《我的父亲邓小平》中，记述了邓小平曾这样描述过大别山："中原的战略地位非常重要，正当敌人的大门，其中大别山是大门边。""中原形势决定于两个山，一个是大别山，一个是伏牛山，敌人最关切的还是大别山，它比伏牛山更重要。中原要大定，就要把大别山控制起来。""大别山是一个战略上很好的前进基地，它迫近长江，东面一直顶到南京、上海，西南直迫汉口，是打过长江的重要跳板。""大别山，敌人必争，我也必争！"

1947年8月27日，刘邓大军来到大别山，由于人地两生，情况不熟，困难甚多。邓小平指示进入大别山的各个纵队的首长，一定要想办法分别与活动在各地的游击队取得联系。这些游击队中，在大别山区长期坚持游击斗争的罗、礼、经、光中心县委和游击队负责人刘名榜声名远扬。8月28日，第六纵队解放了经扶县城新集。按照邓小平的指示，第六纵队一到经扶县，便立即派人四处寻找，终于把刘名榜带到刘伯承和邓小平面前。9月10日，刘伯承和邓小平在光山县南向店附近的西杨岗接见了刘名榜、邱进敏等90多名游击队战士，并一起吃饭。

刘邓大军进入大别山地区后，迅速实施战略展开。从8月底到9月底，先后解放了新集、固始、光山、潢川、商城以及鄂东、皖西等共22座县城，建立了17个县的人民政权，初步打开了局面。

在实施战略展开的过程中，邓小平看到，部队虽然打了一些胜仗，建立了一些地方政权，但存在的问题也不少。如部队情绪低落，对建立根据地的信心不足，打仗顾虑重重，在商城、光山地区的三次作战，打得都不够理想，没有达到全歼敌人的预期目的，等等。根据这种情况，邓小平认为有必要召开一次高级干部会议，统一思想，及时克服部队中存在的思想问题和纪律松弛现象。

1947年9月27日至29日，刘伯承、邓小平在光山县砖桥乡文氏祠连续3天召开旅以上干部会议，史称“王大湾会议”。会上，邓小平组织学习了中共中央和毛泽东同志关于实行战略进攻的有关指示。他在会上作的报告中首先分析了部队进入大别山后的严峻形势及艰巨任务，总结了重建大别山根据地取得的成绩和存在的问题，严厉地批评了一些干部思想上存在着的右倾情绪。会议结束后，各部队利用战斗间隙，对右倾思想和纪律松弛现象展开了批评和斗争，这对广大干部、战士触动很大，全军指战员逐步树立了坚持大别山斗争的勇气与信心。

为进一步巩固大别山革命政权，充实地方武装力量，10月12日，邓小平起草了《中原局中原军区关于放手发动群众创造大别山解放区的指示》。根据指示，各部队抽调三分之一的兵力，组建地方各级基干武装，加大对国民党地方武装、乡保和土劣武装的打击力度，大别山根据地局面进一步打开，到 10 月末，县一级政权达到 33 个。

同时，为贯彻落实中央颁布的《中国土地法大纲》，邓小平深入新县、商城、金寨、麻城等地调研，积极探索大别山根据地开展土地革命的政策和策略，纠正了“左”的错误倾向，大别山土地改革经验得到中央的肯定和推广。

1947 年 10 月初，蒋介石集结大别山北麓的 7 个整编师的兵力，对光山、新县的刘邓部队进行合围。刘伯承、邓小平指挥部队机动灵活地运动歼敌，至 10 月 27 日，共歼敌军 1.2 万余人，缴获大炮、机枪等大批军用物资，取得了进入大别山以来的第一个重大胜利。到了 11 月，刘邓大军在两个月中共歼敌 3 万人，解放县城 24 座，并建立了 33 个县的民主政权，创建了鄂豫解放区，对国民党长江以南的广大统治区形成了直接威胁，迫使国民党军调动主力回援，围困大别山的敌军很快增加到 20 万人。

大别山中心区回旋余地狭窄，不便于兵团机动作战，刘伯承、邓小平决心向敌人包围圈外实施战略展开。12 月，刘伯承率总部机关和一部分部队跳出包围圈，转入外线。邓小平领导坚守在大别山的部队，与强大的敌军展开了艰苦的反“围剿”作战。

1948 年春节刚过，邓小平便与李先念、李达等由安徽金寨翻山越岭，来到河南新县。这次是邓小平同志第三次到新县。在新县，邓小平召开了鄂豫二地委全体干部会议，在会上作了关于全国形势和大别山区形势的报告。邓小平深刻、精辟的分析让鄂豫二地委干部们认清了形势，坚定了信心，对前途充满了希望。

1948 年 2 月，遵照中央军委的指示，邓小平率主力转出大别山，与刘伯承会合。刘邓大军经过内外线配合作战，粉碎了国民党军队对大别山的“围剿”，同相继南下的陈（毅）粟（裕）、陈（赓）谢（富治）两路大军在中原地区成“品”字形阵势展开，创建了中原解放区。

根据中共中央的战略部署，1948 年 2 月，刘邓大军主力从大别山地区撤出，4 月初由安徽临泉县向豫西转移。其间经过上蔡、西平、遂平之间平汉线和舞阳县，4 月进入叶县境内，在叶县休整了一个多月。为适应建设中原解放区的需要，5 月 9 日，中共中央、中央军委决定加强中原局的领导，邓小平、陈毅、邓子恢分别任中原局的第一、第二、第三书记，刘伯承任中原军区司令员和中原野战军司令员，邓小平任政治委员，陈毅任副司令员，李先念任第二副司令员。5 月底，中原局、中原军区、中原野战军总部进驻宝丰商酒务镇北张庄村。

在豫西期间，邓小平为了解后方部队和当地的情况，经常到周边调研。1948 年 4 月中旬，邓小平到鲁山调研，住在鲁山县城一座具有西欧风格的牧师楼上。这一次邓小平在这座小楼上住了半个多月。此后，他经常往来于鲁山与宝丰之间，来到鲁山就住在牧师楼。邓小平平易近人，生活俭朴。在鲁山闲暇时，他经常到市场上走一走，转一转，向商贩、摊主询问生意的经营状况。

1948 年 4 月 25 日，豫陕鄂前后方工作委员会联席会在鲁山县召开，邓小平在会上作了题为《跃进中原的胜利形势与今后的政策策略》的报告。这即是著名的“邓小平鲁山报告”。这篇报告是在文献资料中查到的邓小平最早提出的有关市场论述的文章，已经收入《邓小平文选》第一卷。

在中原局、中原军区、中原野战军总部在宝丰驻扎的半年多时间里，邓小平先后撰写了《贯彻执行中共中央关于土改与整党工作的指示》《关于今后进入新区的几点意见》等讲话稿和指示，正确地领导了中原新解放区的工作。

在宝丰，中原局办起了中原大学、豫西行政干部学校，召开了著名的宝丰会议，为解放战争大决战做了充分准备。也是在这里，邓小平和刘伯承、陈毅等人一起指挥发动了宛东、襄樊、睢杞、开封、郑州等战役，共歼敌20万人以上，粉碎了国民党中原防御体系，取得了中原逐鹿的辉煌胜利，为夺取淮海战役的胜利奠定了基础。宝丰成为邓小平、刘伯承、陈毅等指挥中原人民解放战争的“总指挥部”，宝丰也是邓小平同志在河南居住时间最长的地方。

1948年10月11日，中央军委发出《关于淮海战役的作战方针》，部署淮海战役。10月26日，邓小平、陈毅率领中原野战军4个纵队从郑州出发，沿陇海路东进，奔赴淮海前线。10月31日，邓小平率领中原野战军的第一、三、四、九纵队来到商丘市，进驻柘城县岗王乡刘楼村，随后在这里指挥了淮海战役的揭幕战——虞城县张公店战役，歼灭国民党军一八一师近6000人。11月，为了统一指挥淮海战役，中共中央决定，由刘伯承、陈毅、邓小平、粟裕、谭震林五人组成总前委，统一指挥华东、中原两大野战军。11月6日，声势浩大、规模空前的中原决战——淮海战役爆发了。

淮海战役期间，邓小平一直在皖西、豫东领导战斗，并在淮海战役后期，带领淮海战役总前委由安徽省宿县转移至河南省商丘县张菜园村，并在张菜园村与陈毅、刘伯承等人指挥了淮海战役第三阶段的战斗。1949年1月6日，华东野战军按照中央军委的指示和总前委的部署，向困缩在永城陈官庄的杜聿明集团发动总攻。1月10日，杜聿明集团军26万余人被全歼，历时66天的淮海战役胜利结束。

1949年2月9日，为贯彻中央军委关于部署渡江战役的指示，邓小平在张菜园村主持召开总前委扩大会议，具体研究渡江作战的方案，会议形成了《关于渡江作战方案和准备工作方案》。2月28日，邓小平、陈毅分赴河北西柏坡参加中国共产党七届二中全会。会后，中共中央任命邓小平为华东局第一书记、渡江战役总前委书记。邓小平回到张菜园后，继续投入到渡江战役的准备工作中。3 月 24 日，邓小平等率总前委和野战军指挥机关从商丘南下安徽六安，结束了他在河南的征战生涯。

新中国成立后，成为党和国家领导人的邓小平，仍然惦念着中原这块他曾屡建战功的热土。他多次亲临河南，先后数次到郑州、三门峡等地视察，对河南的发展作出重要指示。1980 年 7 月，作为社会主义改革开放和现代化建设总设计师的邓小平最后一次来到郑州。此后尽管邓小平同志直到逝世再没来过河南，但他的教导和关怀却永远留在河南人民心中，成为鼓舞河南人民前进的精神力量。

刘伯承在河南

重庆开县（今开州区）赵家镇张家坝是一个依山傍水、风光秀美的小山村。1892 年 12 月 4 日，在张家坝刘家大院里，一个男孩呱呱坠地。男孩取名明昭，字伯承，5 岁时随父母搬到不远处的后山沈家湾，在那里他读书、习武，度过了 14 个春秋。谁也不曾预料到，数十年后他竟然成为大名鼎鼎的新中国开国元帅。

1905 年，刘伯承以优异成绩考入开县高等小学堂，并被编入甲班。1906 年，刘伯承在开县高等小学堂提前毕业，以优异成绩考入夔府（今重庆奉节）官立中学就读。1907 年春，刘伯承因父亲病逝，被迫中途辍学，回乡务农。

1911 年 10 月，辛亥革命在武昌爆发，四川革命党人奋起响应，宣布脱离清政府独立，成立四川军政府。在辛亥革命的感召下，不久，19 岁的刘伯承不顾家人与亲朋好友的反对，毅然剪掉辫子，离开沈家湾，到万县参加了反清学生军。从此，刘伯承便开始了戎马一生的军旅生涯。

1912 年春，刘伯承考入重庆军政府将校学堂，毕业后被编入川军，参加反袁战争。在战争中，刘伯承率部浴血奋战，屡立战功，从一个学生军成长为骁勇善战的川军团长，被誉为川军名将。但在反袁战争中，刘伯承一只眼睛受伤失明。

虽为川军名将，刘伯承却痛感旧军队和官场腐败黑暗。1926 年 4 月，经同乡共产党员杨闇公、吴玉章介绍，刘伯承加入中国共产党。1927

年 8 月 1 日，刘伯承参加了周恩来等领导的南昌起义，并任起义最高军事决策机关——中共前敌委员会参谋团参谋长，从而成为中国共产党建军史上第一位总参谋长。

1927 年 11 月，刘伯承被派往苏联深造。1930 年 8 月回国后任中央军委参谋长兼长江局军委书记。1932 年 1 月在江西瑞金任中央军事政治学校校长兼政委。10 月，刘伯承升任红军总参谋长，协助朱德、周恩来指挥第四、第五次反“围剿”。长征时刘伯承再次任中央军委总参谋长并兼任中央纵队司令员，指挥先遣部队强渡乌江、智取遵义、抢夺娄山关、巧渡金沙江、彝海结盟过彝区，留下了许多传奇故事。

抗日战争时期以及解放战争时期，刘伯承先后担任八路军一二九师师长、晋冀鲁豫野战军司令员、中原军区司令员、第二野战军司令员，刘伯承卓越的军事才能，在广袤的中原战场上发挥得酣畅淋漓。他那金戈铁马、驰骋沙场的传奇人生，也在中原大地广为传颂，从而真正为他赢得了“军神”“战神”的盛誉。

1937 年 9 月 16 日，秋高气爽，由刘伯承担任师长、徐向前任副师长、张浩任政委的八路军一二九师，全师官兵 9000 余人由陕西出发，渡过黄河，挺进晋冀豫三省边界的太行山区，创建敌后抗日根据地。1938 年 1 月，张浩因病回延安，中央军委任命邓小平为第一二九师政治委员，从此，刘、邓率领这支英勇无敌的钢铁大军，开始了长达 10 多年的共同战斗生活。

1938 年 7 月，刚进驻太行山不久的刘伯承，轻车简从来到三八六旅旅部驻地辉县西平罗视察工作。三八六旅旅长就是著名的“黄埔三杰”之一、毛泽东的得力战将陈赓。一个月前，刘伯承派陈赓率三八六旅主力进入豫北，该旅相继攻克观台、水冶，袭击了汤阴、辉县等城镇，歼灭日伪军近千人。同时，为开辟豫北根据地，刘伯承又派三八六旅补充团到豫北的修武、武陟、获嘉一带活动，豫北成为晋冀鲁豫抗日根据地的南大门。

在西平罗，刘伯承听取了河南省第一个国共合作形式建立的县级抗日民主政权——修武县抗日民主政府县长程明升的汇报。刘伯承对地方政府工作作了重要指示，并指示县委尽快开展焦作矿区工作。刘伯承还及时解决了道清支队和主力部队之间的矛盾，部署破袭平汉、道清两条铁路的任务。

遗憾的是，1939 年 12 月 4 日，八路军一二九师独立游击支队二大队和修武县抗日政府工作人员在经过博爱县许河村时，突遭国民党河南第四行政督察专署保安团等反共武装的包围截击，造成牺牲、受伤和失散 500 余人的流血事件，史称“许河事件”，修武县抗日民主政府被迫解体。

刘伯承是卓越的军事家，在抗日战争时期，他最擅长游击战。侵华日军武器先进、装备精良，敌我力量悬殊。刘伯承把游击战的指挥艺术发挥到了炉火纯青的地步。他以军事家的气魄，将全师化整为零，分散开展游击战争，几乎战无不胜，为他赢得了常胜将军的盛誉。

1938 年 9 月，刘伯承在辉县亲自布置破袭平汉、道清两条铁路的任务。三八六旅旅长陈赓指挥在焦作至新乡 60 公里的铁路线上，发动了战线最长、破坏最猛的第五次道清破击战。

1939 年 12 月，国民党顽固派发动第一次反共高潮。国民党冀察战区总司令鹿钟麟、国民党军九十七军军长朱怀冰、国民党军第三十九集团军司令石友三等部遥相呼应，向太行、冀南、冀鲁豫抗日根据地发起大规模进攻。

为粉碎这三支顽军的进攻，保卫抗日根据地，1940 年春，几乎在同一时间，刘伯承、邓小平发动了在豫东北濮阳范县一带反击石友三部的卫东战役，在豫北磁县、武安、涉县、林县一带反击朱怀冰部的磁武涉林战役。两次战役共歼灭国民党反动武装 2 万余人，沉重打击了顽固势力的嚣张气焰。

1943 年 10 月，刘伯承离开太行，赴延安学习，直到 1945 年抗战胜利后才返回太行。

1945 年 8 月 20 日，中共中央决定成立晋冀鲁豫军区，刘伯承为司令员，邓小平为政治委员。1945 年冬，按照中央要求，晋冀鲁豫边区八路军整编为晋冀鲁豫军区野战军，刘伯承任司令员，邓小平任政治委员。

1946 年 6 月，蒋介石公然撕毁和平协议，挑起了全面内战，解放战争全面爆发。

在解放战争期间，刘伯承在军事指挥策略上突然来了一个大的转变，即集中兵力进行大规模的运动战。他要求部队对敌人实施远距离奔袭，避开敌人的前锋据点，突然插入敌人纵深地区，采取猛虎掏心的战术，先打敌指挥中枢，吸引其所属部队来援，然后在运动中消灭敌人。

1946 年 8 月到次年 1 月，为了反击国民党军队对解放区的大举进攻，刘伯承、邓小平主动放弃了冀鲁豫 17 座空城，避开敌军锋芒，率晋冀鲁豫野战军出击陇海路，攻克了豫东 10 余座县城，歼灭敌军 2 万人，收复了陇海路两侧的广大地区。

1946 年 11 月，刘伯承指挥主力部队在敌人毫无觉察的情况下，由濮阳、濮县地区出发，昼伏夜行，向滑县东南国民党部队突然发起攻击，共歼敌 1.2 万余人，粉碎了敌人打通平汉线的企图。

1947 年 3 月，晋冀鲁豫野战军又发起豫北反攻战役，历时 2 个月，连续攻占濮阳、封丘、延津等 9 座县城，歼敌 4.5 万多人，在运动中歼灭了敌人大量的有生力量，有力配合了解放军在陕北、山东战场上的作战。

1947 年 5 月，豫北反攻战役结束后不久，安阳县西蒋村一处晚清建筑马氏庄园宅院里，迎来了刘伯承、邓小平率领的晋冀鲁豫野战军司令部机关。晋冀鲁豫野战军司令部虽然只在马氏庄园短暂停留 10 多天，但刘伯承、邓小平在这里召开了著名的鲁西南作战会议，向晋冀鲁豫野战军各纵队传达了中央关于晋冀鲁豫野战军挺进中原、创建大别山根据地的战略任务。

6 月 30 日，按照部署，刘伯承、邓小平指挥晋冀鲁豫野战军四个纵队 12 万人，强渡黄河，揭开了人民解放战争战略反攻的序幕。

刘邓大军强渡黄河后，在鲁西南连续作战28天。1947 年 8 月 7 日晚，刘邓大军放弃休整，突然甩开敌人，以隐蔽、突然的动作兵分三路向南疾驰，开始了千里跃进大别山的壮举。

刘邓大军一路疾行，摆脱数十万敌军的围追堵截，先后越过陇海路、黄泛区、沙河、颍河、汝河、淮河等一道道障碍。经过 20 天的艰苦跋涉和激烈战斗，于 1947 年 8 月 27 日胜利到达大别山区。而后，陈（毅）粟（裕）大军挺进豫皖苏，陈（赓）谢（富治）大军挺进豫西，三军构成“品”字形协同作战，共同创建新的中原解放区。

千里跃进大别山是刘伯承军事指挥艺术的杰作，也是中原战场上最为精彩的一场快速运动战争。千里跃进大别山中生死攸关的一场战役是血战汝河，也是刘伯承军事生涯中值得大书特书的一场战役。

1947 年 8 月 23 日，刘伯承、邓小平率野战军指挥部随第六纵队抵达正阳县汝河北岸，准备渡河。但是，国民党军队经过侦察，调集了 12 个整编师和 2 个独立旅的兵力到豫南阻截渡河大军。同时，又派出 2 个师的兵力于汝河南岸阻击大军过河，企图南北合围，把刘邓大军主力消灭在汝河北岸。相比前一段，这次国民党军部署更加周密，兵力更加强大，蒋介石本人则自兼参谋总长，飞至前线上空督战。

当日，敌军已在汝河南岸全面布防，与渡河大军形成对峙状态。而后面的尾追之敌距离刘邓主力部队不到 30 公里，如果在短时间内不能快速渡过汝河，前途未卜。形势万分紧急，悲观绝望的情绪也开始在官兵中弥漫。

8 月 23 日晚，趁着夜色，刘伯承、邓小平在离渡口 100 多米处的小草房里召开了紧急会议。会议的气氛相当紧张。刘伯承严肃地批评了一些同志，他指出："情况确实是严重的，如果让后面敌人赶到，把我们夹在中间，不但影响战略跃进，而且还有全军覆灭的危险！"突然，他提高声调，以铿锵有力的语气说："自古狭路相逢勇者胜！要勇、要猛！要采取进攻的手段，从敌人的阵地上打开一条血路冲过去！"邓小平接着说："现在没有别的出路，要不惜一切代价和牺牲，坚决打过去！"

"狭路相逢勇者胜！"这句话像一盏明灯，点亮了渡河大军官兵的勇气。24日凌晨，强渡汝河的一场血战打响了。到24日下午，队伍全部顺利渡过汝河，向淮河进发。

刘邓大军徒涉淮河则更具传奇色彩。

8月26日，刘邓大军到达淮河北岸。时值雨季，淮河水上涨，水流湍急，河面无桥又无船。侦察兵报告不能徒涉，但追兵将至，心急如焚的刘伯承深夜冒着危险，亲自坐小船用竹竿勘探水情，发现水位骤降，可以徒涉，当即指示部队迅速徒涉。第二天，当刘邓大军刚全部渡过淮河后，上游突然来了洪峰，河水骤涨。追击的敌军赶到河边时，淮河又成一片汪洋，敌军只好望河兴叹了。这次渡河经历被淮河沿岸百姓传为神话，直到现在还在当地流传。

8月底，刘邓大军进入大别山北麓的潢川、固始地区，完成了千里跃进大别山的任务。

在大别山，刘伯承、邓小平指挥部队在商城、光山等地先后打了多次战役，共歼敌3万多人，解放县城24座，建立了33个县的民主政权，在江淮河汉之间建立了中原解放区。

1948年2月，刘邓主力全部移出大别山，在中原与陈粟、陈谢两路大军互为掎角，形成了鼎足之势。刘伯承、邓小平统一指挥三军，展开了中国人民解放战争中极为壮观的一幕——逐鹿中原。

5月9日，中共中央决定再建中原军区，成立中原野战军，由刘伯承任司令员。5月下旬，中原军区移驻宝丰县。刘伯承在这里下达了皖东战役的命令。他运用“围城打援”的战术，佯攻确山，吸引敌人由南阳东援。28日，中原野战军包围了国民党增援部队张轸兵团。31日，刘伯承亲赴赊店以北的券桥指挥部队发起攻击。6月3日，战役胜利结束，共消灭国民党军1.2万人，同时吸引了国民党军胡琏兵团南下，保证了华东野战军的胜利南渡。

6月17日，刘伯承指挥中原野战军和华东野战军发起豫东战役，在20天连续作战中歼灭国民党军9.7万人，解放了开封。10月22日，刘、邓又组织了郑州战役，解放了二七名城郑州。至此，在中原战场上，敌人已完全失去了对解放军发起战役性进攻的能力，国民党在中原的防御体系已被彻底粉碎。

11月6日，在刘伯承、邓小平的统一指挥下，华东野战军与中原野战军发起淮海战役。19日，刘伯承亲自到前线指挥围歼黄维兵团的战斗，将黄维兵团包围在宿县的双堆集。

12月4日，华东野战军将杜聿明集团包围在豫东永城县的陈官庄。

12月5日，刘伯承下达对黄维兵团的总攻令，攻克敌司令部，俘虏黄维等高级军官。

1949年1月10日，杜聿明集团被歼，淮海战役胜利结束。

2月5日，根据中央军委的命令，中原野战军改编为中国人民解放军第二野战军，刘伯承任司令员，他在商丘附近的张菜园开始了渡江战役的准备和部署。3月，刘伯承率部离开了河南，结束了他在河南的征战生涯。

1986年10月7日，伟大的无产阶级革命家、军事家、马克思主义军事理论家刘伯承离开人世，走完了他94年的光辉历程。一代战神的风云岁月落幕了，但他留给后人的精神永在。

徐向前在河南

1990年11月2日上午，一架银灰色的专机飞临大别山上空。随着飞机的盘旋，杰出的共产主义战士，久经考验的无产阶级革命家、军事家，中国人民解放军的缔造者之一，党、国家和军队的卓越领导人徐向前的骨灰，被撒在他曾经战斗过的红安、七里坪、麻城、大悟、六安、金寨、苏家埠、商城、光山、新县等大别山山林之中，与他长眠在这里的战友为伴。

1901年11月8日，徐向前出生于山西省五台县滹沱河北岸的永安村。父亲是清末秀才，母亲是一位典型的家庭主妇。徐向前读过两年私塾，上过高小，但在16岁时因贫困失学，只好在杂货店当学徒。18岁考入山西国民师范速成班，受五四运动影响，参加进步活动。1921年毕业后曾在家乡任小学教员，因向学生宣传爱国主义、反封建思想，被校方辞退。1924年4月，在黑暗中求索的徐向前来到广州，考入黄埔军校第一期。徐向前在黄埔军校接受了正规军事训练，为他在以后的革命生涯中展示卓越的军事才能打下了坚实基础。黄埔军校毕业后，徐向前参加了北伐、东征。1927年3月，徐向前加入中国共产党。大革命失败后到上海，又赴广州，在广州起义中率队苦战三昼夜，又转往海陆丰地区，与彭湃等领导开展东江武装斗争。徐向前经历了大革命的风风雨雨和广州起义的磨炼后，在政治上愈加成熟、坚定。1929年，徐向前受党中央派遣，从上海来到大别山区，开始了他一生中最重要、最辉煌的一段革命生涯。

1929 年 6 月中旬的一天，徐向前顺利来到地处大别山区的鄂东北特委驻地黄安县箭厂河村（今属河南新县），被鄂东北特委任命为红三十一师副师长，代行师长职务。

但是，由于鄂东北特委成员还没有从红三十一师师长吴光浩牺牲引起的悲痛中恢复过来，同时徐向前当时在党内的影响尚微，特委成员还不了解徐向前，对这位中央派来的人的能力和品格知之甚少。鄂东北特委的领导同志对徐向前是热情的，但又是有节制的。同时，还由于语言障碍，徐向前的到来并没有给王树声、陈再道在内的红三十一师官兵留下深刻印象。徐向前知道，要在这里站住脚，履行中央交付给他的责任，必须用行动而不是语言来取得当地同志的信任。

初来乍到的徐向前处处以身作则，很快与群众打成一片，受到指战员的爱戴。但此时形势异常严峻，战争正扑面而来。战争是检验一名军事指挥员优劣的试金石。徐向前到任不久，便投入了频繁的战斗。

6 月底，刚到箭厂河村不久的徐向前就赶上了广西军阀罗霖和河南土匪武装李克邦对红三十一师的“李罗会剿”。共计 4600 多人的反动武装南北夹击，妄图把红三十一师一举消灭掉。面对来势汹汹的敌人，徐向前采取“避强击弱”策略，率领一部分红军战士和敌人兜圈子。同时，发动群众和各区自卫队日夜袭扰敌人，使敌人大部队天天扑空，夜夜受惊。徐向前选准敌人弱点，连续进行了 5 次战斗，每一次都把敌人打得措手不及，终于把“李罗会剿”彻底粉碎了。徐向前初露锋芒，迅速赢得大家的佩服。

8 月中旬，蒋介石命令国民党军第一师师长兼湖北编遣特派员刘峙亲自出马，组织湖北、河南两省的军队，发起了“鄂豫会剿”。刘峙曾是黄埔军校的少校战术教官，徐向前的“老师”。面对“老师”刘峙的部署，徐向前采取了“与敌周旋，避强击弱”的作战方针，率领部队在内线打转转，最后刘峙只得草草收兵，“鄂豫会剿”就此完结。

10月初，第三次“徐夏会剿”又来了。这次由驻河南信阳的徐源泉四十八师从北向南，由驻湖北的夏斗寅十三师由南而北，突飞猛进，南北夹击。凭着在黄埔军校学习的军事知识，以及在海陆丰作战积累的游击战经验，徐向前带领红军队伍成功粉碎了敌人的第三次“会剿”。

三次反“会剿”的胜利，使红军队伍迅速壮大，由不足300人扩大为700多人。在11月召开的鄂豫边第一次党代会上，徐向前被推选为鄂豫边特委委员。在12月举行的第一次工农兵代表大会上，徐向前又被选为鄂豫边革命委员会军委主席。

第二年6月，徐向前率领红一师800余人向平汉路出击，首先袭占了杨家寨车站，国民党第二十军两个连在睡梦中全部被歼。接着在杨平口用诱伏手段全歼敌第二十军一个正规团1200余人，首创鄂豫皖红军歼敌一个团的范例。第三仗夜袭花园镇，全歼敌一个团1400余人。在一个多月内，徐向前指挥红一师，三战三捷三扩编，歼敌4000余人，并使部队发展到3000余人。

1931年11月7日，在红安县七里坪镇，中国工农红军第四方面军成立了，年仅30岁的徐向前担任红四方面军总指挥。此时红四方面军下辖红四军、红二十五军共六个师3万余人，地方赤卫军共十五个师人数约2万之众。而此时，蒋介石亲自坐镇武汉，调动十五个师以上的兵力，计划向鄂豫皖苏区发动第三次“围剿”。

新任总指挥的徐向前，面临着一场严峻的考验。他和红四方面军的领导人经过反复研究，决定采取先发制人的进攻策略，首先发动了黄安战役。徐向前亲自到最前线指挥作战，以从容不迫的风度，灵活多变的战术，指挥红军围困黄安43天，最后一举攻破。黄安战役共歼敌1.5万余人，俘敌师长赵冠英以下近万人。

不等敌军喘息，徐向前挥师北上，冒着漫天大雪，踏着遍地泥泞，发动了第二场战役——商城和潢川战役。

商城和潢川均为豫东南军事重镇，是国民党军围攻红军重要的屯兵之地。红四方面军正面冲击，侧翼包抄，打得敌人丢盔弃甲，纷纷北逃，2000多人当了俘虏。蒋介石的嫡系主力第二师遭到毁灭性打击，该师师长汤恩伯狼狈而逃。

潢川战役还没完全结束，徐向前和红四方面军总部领导人又开始计划了新的战役，即苏家埠战役。苏家埠战役历时48天，共歼灭国民党军3万余人，为鄂豫皖红军创建以来的空前大捷，成为徐向前军事生涯的辉煌篇章。

红军在苏家埠地区作战期间，敌二十路军进驻潢川，趁机南犯，占领双柳树、仁和集地区，准备继续向前推进。

徐向前决心在那里发起潢川、光山战役。潢川、光山战役仅仅5天，从6月12日开始，到16日结束。徐向前指挥红军三个师在光山以北、潢川以南的璞塔集、彭店、双柳树、仁和集等地区，以分割包围、机动作战的战法，歼敌正规部队8个团和反动民团近万人。

从1931年11月到1932年6月中旬，徐向前组织指挥的黄安战役、商潢战役、苏家埠战役和潢光战役，四战四捷，共歼灭国民党军6万余人。蒋介石对鄂豫皖革命根据地发动的第三次“围剿”尚未展开即被粉碎，徐向前的威名震动了武汉和南京。红军在作战中发展到4.5万多人。根据地扩大到4万余平方公里，人口达350多万，鄂豫皖革命斗争发展到极盛时期。

1931年9月，在极左思想指导下，张国焘在鄂豫皖苏区展开了恐怖的“大肃反”运动，将红四军的一些杰出将领当作反革命分子杀害，鄂豫皖苏区大批红军干部和战士被杀害，红四军的力量遭到重大削弱。张国焘在鄂豫皖苏区的“肃反”持续了一年多，直到1932年10月红四方面军撤出鄂豫皖苏区。徐向前冒着生命危险保护了一大批革命干部，但却没能挽救他年轻的妻子、大别山优秀儿女程训宣。程训宣在“肃反”中被当作改组派遭杀害。

“肃反”和国民党大军的围攻，使红四方面军陷入内外交困的局面，败仗接连不断，部队伤亡越来越多，红军队伍遭受重创。

徐向前一生性格耿直，很反感言行不一的人，曾写下“言之贵在于行，行之贵在于果，大小事皆然”的警语，表明做人、做事的立场。他最厌恶靠阿谀奉承和搞小圈子向上爬的人。徐向前以平等的态度对待周围的人，不阿强凌弱，不媚富欺贫，性格中更多豁达、坚忍的成分。人们这样评价徐向前：赫赫战将，堂堂正正！一生清廉昭千古，万世流芳溢忠义！

李先念在河南

1927 年 11 月 13 日晚，皎洁的月光洒向大别山南麓黄安（今湖北红安）高桥区九龙冲乡的山路上。一位英姿飒爽的年轻人，正带着一群手持刀枪、扁担、锄头、铁锹的农民军，浩浩荡荡向黄安县城开进。一个小时以后，震惊中外的黄麻起义爆发了。

这位年轻人就是日后为中国革命战争的胜利、为社会主义革命和建设事业建立了不朽功勋的共和国第四任国家主席李先念。

1909 年 6 月 23 日，李先念出生在湖北黄安县高桥区九龙冲乡的一户贫困农民家庭。他 9 岁读私塾，12 岁辍学拜师学木匠活，15 岁时来到汉口，成为一家棺材铺的小伙计。在汉口，他广泛接触社会，成为最早接受革命思潮的一批无产者。

两年后，这个思想先进、怀揣抱负的年轻人在汉口再也待不下去了，他决定返回黄安老家闹革命。李先念返回老家不久，便有了文章开头他作为当地农民协会负责人带领一支农民队伍参加黄麻起义的壮举。那时，他年仅 18 岁。

黄麻起义后，李先念加入中国共产党，并先后担任九龙冲乡游击队长、中共高桥区委书记、区苏维埃政府主席、鄂豫皖根据地红四方面军第十一师三十三团政治委员等职。

1931 年，在红四方面军总指挥徐向前、政委陈昌浩的领导下，李先念参加了鄂豫皖根据地第三次反“围剿”的黄安、商潢、苏家埠、潢光四大战役。李先念的革命足迹第一次踏上中原的土地，并在商潢、潢光战役中取得了不俗的战绩。由于在四大战役中出色地完成战斗任务，三十三团被红四方面军总部授予“共产国际团”的光荣称号。

在战斗中逐渐成长和成熟起来的李先念，1932 年接任红四方面军第十一师政治委员，1933 年 7 月任红三十军政治委员，成为当时红军中最年轻的军政委。长征途中，他受命指挥红四方面军先头部队攻占懋功，率先同红一方面军胜利会师。1936 年 11 月，三大红军主力会师后，他在宁夏西渡黄河，任西路军军政委员会委员。1937 年底李先念到达延安，先后在抗日军政大学、马列学院学习。

1938 年 12 月，党的六届六中全会以后，李先念受党中央重托，在刘少奇带领下，前往中原局和河南省委所在地——河南省确山县竹沟镇，开始了创建豫鄂边区抗日根据地的艰苦历程。

12 月 26 日，李先念到达竹沟。在竹沟，李先念多次给竹沟军政教导大队、党训班和八团留守处干部、战士讲课，传达党的六届六中全会精神，作政治形势、抗日民族统一战线的方针和政策等报告。他还与同志们一道，去竹沟辖区的茨园、龙窝、焦老庄、石滚河等地调查研究。所到之处，他平易近人的作风深受广大干部群众的欢迎。

李先念在竹沟仅仅待了半个多月，就以豫鄂边区党委军事委员会副主任、新四军豫鄂独立游击支队司令的身份，担负了南下武汉外围、创建豫鄂边区抗日根据地、抗击日寇的重任。

1939 年 1 月 17 日，在豫鄂边区党委和竹沟干部群众夹道欢送下，李先念、周志坚带领 160 余人的新四军独立游击大队，高唱“向武汉外围挺进，誓把日寇消灭干净”的战歌，在凛冽的寒风中，踏着厚厚的积雪，从竹沟向武汉外围挺进。

3 天以后，李先念带领队伍到达信阳四望山北麓的黄龙寺，与当地抗日武装信阳挺进队胜利会师。李先念在四望山待了将近一个月，当年的春节就是在四望山度过的。春节前的几天，李先念从四望山赶回竹沟，参加了刘少奇主持召开的中原局和豫鄂边党委会议，带回了发动群众建立党领导的人民武装、独立自主开展抗日民族统一战线的新任务。

1939 年初春，李先念离开四望山，带领队伍挺进平汉铁路以东大别山地区。在千年名刹罗山灵山寺，李先念主持召开了有豫南罗礼经光中心县委书记、游击大队主要干部参加的灵山会议。会上，李先念传达了党中央六届六中全会精神和中原局指示，明确了豫南抗日斗争的指导思想，部署了豫南敌后游击战争的任务，使豫鄂边区和信罗边区的敌后抗日活动进入了新的发展阶段。

进入大别山区以后，李先念积极发动和依靠人民群众，会合和聚集共产党领导的零散武装力量，积极开展统战工作，队伍一天天壮大。1939 年 6 月，部队整编为新四军豫鄂独立游击支队，李先念任司令员，陈少敏兼政治委员。新四军豫鄂独立游击支队建立后，李先念组织二团队深入豫南，与日军在罗山朱堂店展开一场厮杀。这场战斗，共毙日军 80 余人，俘敌 6 名，缴获轻、重机枪各 1 挺，步枪 100 余支，子弹 50 箱，战马 4 匹及大批军用物资。翌日，二团又以一个队的兵力乘胜袭击了信罗公路上的五里店日伪据点，打死了“皇协团”团长张立森，俘虏了一个伪军中队，收编伪军 50 余人。朱堂店大捷，是豫鄂独立支队成立以来在豫鄂边区最大的一次对日作战，打出了军威，鼓舞了军民士气，提高了新四军在人民群众中的威望，震慑了日伪军的嚣张气焰。

“竹沟惨案”后，1939 年 11 月，朱理治、李先念、陈少敏等在四望山召开豫南、鄂东、鄂中党和军队负责人会议。会上，根据中原局和刘少奇的指示，决定成立新的豫鄂边区党委，并将鄂中、鄂东、豫南三个地区党领导的抗日武装统一整编为新四军豫鄂挺进纵队，李先念任司令员，朱理治任政委。在李先念的领导和指挥下，这支英雄的部队迅速发展壮大。1941 年 4 月，新四军第五师成立，李先念任师长兼政治委员，总兵力 15300 余人，创建、巩固和发展了豫鄂边抗日根据地。

1945 年 7 月，五师师部由湖北大悟迁回四望山，师部设在浉河港胡岗村龚家湾。这支从竹沟出发时只有 100 多人的队伍，在极端复杂困难的情况下，发展成为拥有 5 万余人正规部队和 30 余万民兵的武装力量，先后歼灭日伪军 4.3 万余人，打退了国民党顽固派发动的多次反共高潮和反共摩擦，解放了鄂、豫、皖、湘、赣 5 省边区的 9 万多平方公里土地和 1300 多万人口，建立了 7 个专区和 38 个县的抗日民主政权，在中华民族抗战史上写下了光辉篇章。

1944 年，抗日战争即将进入反攻阶段，豫鄂边区面临大发展的有利形势。李先念根据中央指示，选择河南籍干部党员，秘密派回河南组织抗日游击队与人民武装，先后建立了汝蔡遂县委和抗日民主政府、以确山孤山冲为中心的豫南抗日根据地和以嵖岈山为中心的豫中抗日根据地。

1945 年 4 月，李先念率主力一部从大悟山出发，挺进信桐地区，于 5 月中旬到达孤山冲，在孤山冲成立新的豫鄂边区第四地委、专署和军分区。8 月，李先念根据中央指示，命令组建新的豫中地委、专署和军分区，并决定将豫中党政军组织划归河南区党委和河南军区领导。孤山冲成了继竹沟之后河南抗战的领导中心。

1945 年 7 月，抗日战争进入尾声，李先念命令孤山冲第四军分区部队向竹沟镇等地日伪军据点发起进攻。日军孤立无援，放弃竹沟向确山突围。竹沟镇重新回到人民手中。

抗战胜利后，内战烽烟又起。1945 年 10 月，李先念指挥部队发起了自卫反击的桐柏战役，歼敌 9000 余人。11 月，中央决定组建中原军区，李先念任司令员，统率和指挥作为全国六大作战区域之一的中原军区 6 万部队，展开了艰苦的斗争。

1946 年 1 月，为争取国内和平，李先念率领中原军区部队在罗山宣化店（现归湖北大悟县）集结待命。6月，国民党蒋介石公然撕毁停战协定，调集30余万大军，以宣化店为目标，分四路围攻中原解放区。身为中原军区司令员的李先念，沉着冷静，临危不乱，以运筹帷幄、娴熟高超的指挥艺术，于6月26日晚指挥部队开始了举世闻名的中原突围，拉开了解放战争的序幕。

解放战争爆发后，李先念任新的中原局第二副书记、晋冀鲁豫野战军副司令员。1947年7月，他率领晋冀鲁豫野战军第十二纵队从晋城出发挥师南下，先后攻克河南通许、扶沟等县城，11月抵达河南光山，同刘邓大军胜利会师，参加重建大别山根据地的斗争。1948年5月，党中央决定重建中原军区，他任第二副司令员，随后在开封参与领导了淮海战役的后勤保障工作。

从土地革命战争到全国解放战争期间，李先念在极为艰险复杂的战争进程中，显示了他灵活的斗争艺术和卓越的军事指挥才能，为中国革命战争的胜利和中华人民共和国的成立建立了不可磨灭的功勋。1989年11月，在中央军委公布的中国人民革命战争中的33名军事家的名单中，李先念同志被确定为军事家。

全国解放后，李先念先是担任湖北省的党政军负责人，1954年调到中央工作，任国务院副总理兼财政部长，1983年任国家主席，1988年担任全国政协主席。

李先念对河南、对竹沟很有感情。1959年3月，为纪念革命烈士，发扬革命传统，经河南省委和省人民政府批准，在竹沟北王庄后山上建立了一座占地面积1.6万平方米的竹沟革命烈士陵园。时任国务院副总理、财政部长的李先念批准拨款50万元。1963年10月1日，李先念为竹沟革命烈士陵园题词："继承烈士遗志，高举革命大旗，为共产主义奋斗到底！"

1982年和1983年，武汉军区和湖北省编写新四军五师战史和豫鄂边革命斗争史，李先念特别强调“要把竹沟的作用写够”，并对竹沟在长期的革命斗争中作出的重大贡献给予高度评价。

1983 年 11 月，为编辑出版确山县革命回忆录，中共确山县委给时任国家主席的李先念写信，请他为回忆录作序。李先念同志接信后，在百忙中于 1984 年 1 月 14 日给确山县委写了回信。信中写道：“每当我回忆起豫鄂边区的战争历史，就首先想到竹沟，想到在这里一起战斗过的同志们和当地群众。”国家主席与竹沟人民的深情厚谊跃然纸上。

1984 年春，经河南省和国务院批准，确山县拟在竹沟革命烈士陵园修建一座纪念碑。县委研究决定，请李先念同志为纪念碑题写碑名。12 月，县委负责人赴京向李先念专题汇报纪念碑建设情况后，他挥笔写下“竹沟革命纪念碑”7 个苍劲有力的大字。

抗日战争和解放战争中李先念长期战斗在河南、湖北、安徽等地。新中国成立后他任国务院副总理，分管财贸、农业、水利、外交工作并负责联系中南地区，对红旗渠建设和红旗渠精神有着特殊的感情。

从 1963 年到 1991 年，李先念关于红旗渠建设、红旗渠精神和杨贵的文字批示就有 19 件，在各种场合关于杨贵和林县工作的讲话有 30 多次。1971 年 7 月 25 日，外交部、外经部向国务院报送《关于同意宫石林治等人参观红旗渠的请示》，李先念随即批示：“各国大使都可去，当然可以去，你们就可以决定。”由此，李先念把红旗渠的事迹推向了世界。1990 年，林县举行纪念红旗渠通水 25 周年庆典。中央电视台和农业电影制片厂摄制了一部三集 80 分钟的电视专题片。摄制单位找到李先念，请他题写片名，李先念欣然命笔——“山碑”。这两个苍劲有力的大字后来被刻在红旗渠青年洞旁的山壁上。1991 年 1 月，李先念再次题词：“发扬红旗渠精神，建设社会主义新农村”。

河南省的一些地区在“大跃进”中搞浮夸风十分厉害，因而招致的祸害也大。1960 年 6 月至 7 月，李先念受中央委托，到河南信阳地区调查。

他看到这里一些农民骨瘦如柴，许多人得了浮肿病，甚至有一些人因无东西吃而饿死，心情非常沉痛，流下了泪。李先念回京后，向毛泽东和中共中央汇报了河南信阳的情况。在中共中央和毛泽东的关怀下，中共信阳地委积极开展了整风和生产救灾工作，并向中共中央作了报告。随即中央将此报告批转各中央局、各省市自治区党委，以引起各地重视，避免发生类似问题。

1992 年 6 月 21 日，李先念同志逝世。李先念是伟大的无产阶级革命家、政治家、军事家，坚定的马克思主义者，党和国家卓越的领导人。他一生勇于担当，乐于奉献，敢于战斗，严以律己，勤俭节约，严惩腐败，正确对待乡情亲情，凸显“大我”境界。

李先念的名字必将与巍巍大别山一样，千秋流芳，万年长青。

文武将星彭雪枫

河南省南阳市镇平县七里庄是伏牛山怀抱里的一个小村庄，1907年9月9日，被毛泽东誉为“中华民族英雄，共产党人好榜样”的杰出军事家彭雪枫就出生在这里。

彭雪枫乳名叫彭隆兴，学名彭修道。1921年，14岁的他只身投奔在天津教书的伯父，并以优异成绩考入南开中学。当时中华民族积贫积弱、内忧外患，少年时的彭雪枫就立志报国。在学习了唐朝诗人杜牧的《山行》一诗后，他被诗中的名句“停车坐爱枫林晚，霜叶红于二月花”的意境深深吸引，同时也更加仰慕红枫所象征的刚毅、顽强的品格，于是，就改名为彭雪枫。

大革命时期，彭雪枫在党的影响教育下接受了马列主义。1925年，他积极投身五卅运动，1926年成为中国共产党党员后，积极从事学运、农运、兵运等革命工作，组织参加了北京南宛暴动，迅速成为北京城区著名的学生运动领袖和地下组织负责人。

1930年5月，彭雪枫被派到苏区工作。他智勇双全，率军南征北战，所指挥的部队屡为前锋，战功卓著。

彭雪枫总是把对党的无限忠诚作为身体力行的准则，置个人生死于不顾，为了党和人民的利益，他总是挺身而出。1932年9月，在江西乐安，时任红二师师长的郭炳生面对蒋介石又要组织的规模更大的第四次“围剿”，企图带部叛逃，彭雪枫不顾个人安危，仅带一个警卫班，于9月

5 日潜行北上，前去寻找郭炳生和红五团。此时，郭炳生已挟持红五团进入抚州的仁县境内，下一步就能很容易地北入敌占区抚州，进而西渡赣江。彭雪枫带领警卫班战士一路风餐露宿，马不停蹄，终于在 9 月 9 日傍晚遇到了红五团的哨兵。经过一番斗智斗勇，叛徒的阴谋被揭露，受蒙蔽的同志得到了挽救，红五团官兵又回到了主力的怀抱，彭雪枫因此荣获中央军委颁发的“红星奖章”。

1934 年 10 月，彭雪枫参加了著名的二万五千里长征。在中央红军进行的历次战斗中，他每次都是披坚执锐，身先士卒，且多次担任先锋部队的指挥员。组织过土成岭战役，两次率军攻占娄山关，直取遵义城，横渡金沙江，飞越大渡河，进军天全城，通过大草原，成为红军时代闻名全军的青年将领。

因工作需要，1938 年春，党中央派彭雪枫任中共河南省委军事部长，到确山竹沟创办抗日军政教导大队，组织训练抗日武装。消息传到彭雪枫家乡镇平后，他的几个亲戚听说他当上了共产党的“大官”，相约来到竹沟，希望能谋个好差使。彭雪枫和蔼地对他们说：“我代表省委，欢迎你们来这里参加新四军打日本鬼子。但必须向你们说明，共产党领导的队伍与国民党的军队不一样，既没有薪水，又没有官饷，现在更没有白面大米吃。我能做到的是，能吃苦的可以留下来背大枪进学员队，不愿吃苦的可以回乡生产。”

竹沟处于抗战的近后方和国民党军队及地方实力派的包围中，随时有遭受日军进攻和顽固势力袭击的可能。根据中央指示，河南省委成立了统一战线委员会，彭雪枫任主任委员，积极开展以竹沟为中心的统战工作。关键时刻，他亲自出马，为巩固和扩大抗日民族统一战线奔走呼号。

当时，泌阳劣绅王友梅，独霸一方，态度顽固，对共产党派去的一般人员不予理睬。为做通他的工作，彭雪枫只带警卫员一人，亲自到泌阳会见王友梅。他同王谈古论今，从岳飞、文天祥、史可法等人的民族气节到抗战救国的策略，从唇亡齿寒的典故到一般的抗日道理都有涉及。他对王友梅说：“我们是抗日的队伍，保卫着大家的生命财产安全，其中也保卫着你。如果日本人占领了这里，你的土地、财产，甚至你的生命恐怕都难以保住。蒋委员长曾说：战端一开，人不分老幼，地不分南北，皆有守土抗战之责，你说这话对吗？”王友梅点头称是。事后，王友梅不但归还了以往抢走抗日独立团的全部物资，而且还主动支援粮食和枪支，为抗日统一战线做了有益的工作。

1938年8月，彭雪枫不顾个人安危，只身一人长途跋涉，奔赴洛阳会晤国民党第一战区司令长官程潜，向其阐明共产党联合抗日之主张，并就新四军竹沟留守处的安全、出兵豫东抗日等事宜进行面商，均得到程潜的圆满答复。临别，程潜还赠送彭雪枫20包十万分之一军用地图，为其出兵豫东铺平了道路。

由于彭雪枫坚定贯彻执行党的抗日民族统一战线政策，豫南的抗战形势发生了深刻变化。正如其在《豫皖苏边工作报告大纲》中所说：“我们到竹沟后，由于统战政策的传达、转变及执行，上至程潜，下至保长、土绅、地方实力派，转变了统战形式，由进攻变成了联合……”

9月，中共中央指示河南省委将领导重心东移，开辟苏鲁皖边区新局面。9月30日，彭雪枫等率领竹沟留守处两个武装连和第二期教导大队学员370多人，携电台、机枪，组成新四军游击支队，挺进豫东。

随着抗日队伍的壮大，1939年，彭雪枫率部继续向东挺进，建立了以永城为中心的抗日民主政权。1939年2月9日，彭雪枫率部3400多人进驻河南永城南书案店。其时抗日战争正处在艰苦卓绝的岁月，又恰逢多年未遇的春荒，部队经费给养奇缺，人民群众也生活在水深火热之中。彭雪枫见此情形心急如焚，决定卖马度春荒。他率先垂范，先后卖掉包括他的坐骑在内的几十匹战马，救济无粮断炊的贫困户，维持部队生活开支。春播前，彭雪枫还抽出一些钱来解决群众买种子的困难。

群众闻之感慨不已，称赞道：“新四军乃天下文明第一军！彭将军卖马济贫，亘古未有。有此仁义之师，何愁倭寇不败。”

1940 年，彭雪枫率领新四军第六支队在运河线、黄泛区，北靠陇海路、南跨涡河间与日军展开游击战争，并进入皖东北地区，与淮北路东地区活动的部队会合，组建了骑兵团。1941 年皖南事变后，彭雪枫任新四军第四师师长兼政治委员、淮北军区司令员，领导根据地军民同日伪军及国民党顽固派军队进行艰苦斗争，先后取得 1942 年冬季淮北反“扫荡”和 1943 年 3 月山子头战役的胜利，巩固和发展了淮北抗日根据地。

彭雪枫对上级不卑不媚，对下级战士却是随和有加，同甘共苦。在彭雪枫任第四师师长期间，新四军为保护干部，决定给旅以上的干部开小灶，伙食从优，各师都认真地执行了，唯独四师抗命不遵。陈毅到四师司令部的第一餐就是吃的大灶，照例是白菜、萝卜、土豆丝和烧豆腐。

彭雪枫一生从不搞特殊化。由于条件艰苦，工作繁忙，彭雪枫日益消瘦，炊事班看在眼里，疼在心里，总想为他做点好吃的，改善生活，但每次都换来他的严厉批评。有一次，彭雪枫与参谋长张震到一个营视察。午饭时，营里多做了炒鸡蛋、炒粉丝两道家常菜。得知这是专门为他加的菜后，彭雪枫马上严肃地说：“把菜端回去，分给有伤病的同志吃！”接着他又说：“你们的心意我领了，部队的生活很困难，群众的生活更艰苦，如果我们特殊了，就脱离了群众。”营长赶忙把菜端走，分给伤病员，又换上大锅菜汤，彭雪枫才高兴地吃起来。

1942 年至 1943 年，彭雪枫与邓子恢、张震、吴芝圃等在洪泽湖地区坚持敌后抗日战争，纵横驰骋，浴血奋战，取得了著名的 33 天反“扫荡”斗争的胜利。

1944 年，日军发动中原战役，大举向河南腹地进攻，攻陷了郑州、洛阳、许昌、郾城等 38 座城池，中共中央决定向河南敌后进军，收复失地，彭雪枫奉命西征。

1938 年至 1944 年，彭雪枫麾下的新四军第四师进行了大小战斗 3760 次，累计歼敌 4.8 万余人，取得了敌我伤亡比例 5∶1 的辉煌胜利。1944 年 9 月 11 日，在河南夏邑东八里庄围歼伪军李光明的战斗中，彭雪枫将军亲自指挥战斗，当战斗将要胜利结束时，他不幸被流弹击中，英勇殉国，时年 37 岁。

彭雪枫不但骁勇善战，而且刻苦好学，文武兼备，机智顽强，是中共卓越的军事家之一。不仅如此，他还高度重视军事人才的培养工作。1938 年 11 月 26 日，彭雪枫在河南杞县傅集成立新四军游击支队随营学校，并亲自兼任校长。该校先后历经抗日军政大学第四分校、雪枫军政大学、华中雪枫大学、华东军事政治大学、中国人民解放军第三高级步兵学校、中国人民解放军总高级步兵学校等，后成长为我军著名高等军事学府——南京陆军指挥学院。彭雪枫在潜心研读毛泽东军事著作的同时，还博览了中外兵书，总结实践经验，对抗日战争的游击战术和政治工作问题进行了论述，亲自编写了《游击战术》《战略战术讲授提纲》等教材，并经常到抗日军政大学第四分校授课。他在河南竹沟创办了著名的《拂晓报》，深受广大干部和军民喜爱，受到党中央的赞扬。另著有《娄山关前后》《豫皖苏边两年来平原游击战总结》等文。

彭雪枫短暂而光辉的一生，表现了一位共产党员为民族、为人民忠贞不渝的革命精神和崇高的思想品德。他光明磊落，不畏艰苦，克己为人，廉洁奉公，爱护军队，爱护人民，深受人民的爱戴。

传奇上将许世友

在群星璀璨的共和国开国将帅中，许世友上将是一位具有特殊性格、特殊经历、特殊贡献的特殊人物。他在60年的戎马生涯中，战功赫赫，九死一生，充满了传奇色彩。

1905年2月28日，许世友出生于今河南省新县田铺乡许家洼村一个贫苦农民家庭里，家人给他取名许仕友。许世友6岁开始放牛，被孩子们奉为牛倌头头。少年许世友处处表现出仗义和勇敢，他在河中救过落水的孩子，在狼蛇山制服过碗口粗的蛇，还和地主的二少爷斗智斗勇，替被地主欺侮过的穷孩子出气。后来，家乡成立了“童子团”，聪明伶俐、体力过人的许世友做了“童子团”团长。

少年时，许世友因家贫给武术师傅当杂役，后到少林寺学习武术。1926年8月，他在武汉国民革命军第一师第一团任连长时，接受革命思想，于当年9月参加了共产主义青年团，投身革命。他决心不做官，只想做个战士，于是就把名字改为许士友。1927年8月，在革命处于低潮时，许世友转为共产党员，并于当月返回家乡参加工农红军，同年11月参加了著名的黄麻起义，开始了在人民军队的漫长革命生涯。后来他在被任命为军长时，经毛主席提议，改名为许世友。

土地革命战争期间，许世友由班长做起，一步一个脚印，一直做到了红四方面军骑兵司令，在徐向前同志领导下，参加了鄂豫皖苏区、川陕苏区的反“围剿”和长征。

1943年，在川陕苏区反“六路围攻”时，许世友指挥三个团保卫四川省万源城，以与阵地共存亡的气概，运用灵活机动的战术，打垮了在数量上占绝对优势的敌人，坚守3个月之久，为保卫川陕革命根据地作出了重大贡献。

1935年8月下旬，毛主席率红军右路军长征北上走出草地时，国民党军胡宗南部第四十九师在甘南包座“堵剿”，许世友奉命率红四方面军第四军，和红三十军一道，与敌鏖战两天两夜，将该敌全歼，打开了向甘南进军的门户。由于张国焘的分裂活动，许世友所在的红四方面军先后三次往返于草地，历尽千难万险，备尝艰辛。1936年7月，第三次过草地，许世友指挥骑兵部队担任前卫，沿途进行了频繁的战斗，为红四方面军渡过艰险、北上甘南创造了有利条件。

抗日战争开始不久，许世友随朱德总司令出师太行山，投身于伟大的抗日斗争。1938年10月，他担任八路军第一二九师第三八六旅副旅长。同年年底，在刘伯承、邓小平指挥下进军冀南。

1939年2月上旬，他和陈赓旅长在威县以南香城固地区，以预伏的方式，诱歼日军一个加强步兵中队，毙敌大队长以下200余人，生俘8人，给日军以沉重打击。1940年9月，许世友调任山东纵队第三旅旅长，同日伪顽在渤海之滨和清河两岸展开了激烈斗争。1941年春，他指挥胶东地区八路军和地方武装，横扫敌伪，开辟了胶东地区抗日斗争的新局面。1942年，他先后担任山东纵队参谋长、胶东军区司令员，领导胶东军民开展了艰苦卓绝的游击战争，发展壮大了人民武装，粉碎了日伪军频繁的“扫荡”和“蚕食”，打得敌人心惊胆寒。

解放战争时期，许世友历任华东野战军第九纵队司令员，东线兵团司令员，山东军区副司令员、司令员、党委副书记，中共中央山东分局委员。1947年上半年，他在陈毅指挥下，率部参加了莱芜、孟良崮等重大战役，指挥取得了胶东保卫战和张店、周村、昌乐、潍县、兖州诸战役的胜利，粉碎了国民党对山东的重点进攻。1948 年 9 月，许世友与谭震林、王建安一道，指挥部队激战八昼夜，攻克济南，使华东、华北两大解放区完全连成一片。

1953 年，许世友参加了著名的抗美援朝战争，任中国人民志愿军第三兵团司令员，参与了当年夏季的反攻战役，在朝鲜金城地区突破敌人防线，促进了朝鲜停战的实现。

1955 年许世友被授予上将军衔，荣获一级八一勋章、一级独立自由勋章、一级解放勋章。1974 年 1 月，他任广州军区司令员期间，指挥西沙自卫反击战，严惩了入侵的南越军队。1979 年初，许世友又在年逾古稀时，指挥边防部队胜利地进行自卫反击作战，并取得了重大胜利，为人民再立新功。

许世友的一生充满传奇色彩。他凭着在少林寺练就的一身武功，一仗能砍杀几十个敌军，让敌人闻风丧胆。他曾经 7 次参加敢死队，4 次担任敢死队队长，即使当了军长也一样。

许世友将军一生两袖清风、一身正气，从没有想到为自己置办什么家业，也没有想到为子女留下什么财产。他和夫人田普生活中使用的物品全是公家按规定配发的。他唯一的家当就是一口镶着铜边的老式樟木箱子，箱子里也没有什么值钱的东西，只有几套军装、几双布鞋，再就是自己亲手用布条打的布草鞋。他把这口樟木箱子从南京带到广州，离开广州时，带走的还是这口樟木箱子，没有增添其他财物。

许世友对亲属和身边的工作人员要求也非常严格，绝不允许他们打着他的旗号沾光谋利，就连他的夫人田普也不例外。许世友在南京军区时，田普担任南京军区干部部副部长。许世友调任广州军区司令员后，她相随到广州。当时广州军区政治部的领导提出让田普继续担任干部部副部长，但许世友以不合适为由坚决不同意。后来，田普被安排到了工程兵某科研所担任副政委。

许世友共有 7 个子女，他把他们全部都送去参军，接受部队的教育和锻炼。子女参军后，许世友从不给特殊照顾。许世友的大儿子许光，新中国成立初期入伍当了海军，在部队表现很好，深得所在部队领导的赏识，后来当上了团职干部。本来许光有机会到院校深造，可许世友却把他打发回老家去照顾奶奶，后来许光在河南新县人大常委会副主任的岗位上退了休。

许世友为人忠勇，生性刚烈，脾气火暴，但却是一个出了名的孝子。许世友故居门前有条路被当地人称为“孝母路”，许世友三跪慈母的故事在这里传为美谈。

1985 年初，病重的许世友给党中央写了报告，请求中央同意在他死后实行棺葬，理由是自幼参加革命，报效生母不足。活着尽忠，死了尽孝，葬在老母坟边以尽孝道。许世友这一要求得到特别批准。1985 年 10 月 22 日，一代名将许世友辞世而去。遵照将军的遗愿，他被安葬在了父母身旁。

从和尚到将军，许世友将军戎马一生，本色不改，最终他为自己圆满地画上了人生的句号：活着尽忠，死了尽孝。

大智大勇李德生

河南省新县陈店乡李家洼村原本是大别山腹地的一个名不见经传的小山村，然而，这里却因为走出了一个放牛娃出身的共和国上将而名扬天下，这里就是李德生的故乡。

1916 年 4 月，李德生出生在李家洼村的一个贫农家庭。在母亲的操办下，7 岁的李德生开始跟着一个裁缝师傅学手艺。可年幼的他却喜欢无拘无束的日子，于是，他成了一个没有工钱、只能混口饭吃的放牛娃。

1928 年 6 月，红军解放了柴山堡地区，建立了苏维埃政府。第二年，李家洼成立了儿童团，李德生被大伙儿推举为儿童团团长。在儿童团为红军送信、带路时，李德生接触了不少红军战士。1930 年 2 月，14 岁的李德生如愿以偿成为一名红军战士。1931 年 2 月，他加入中国共产主义青年团，一年后转为中国共产党党员。

李德生在 60 多年军事生涯中，先后参加过土地革命战争、抗日战争、解放战争、抗美援朝战争，从一名红军战士一步一个脚印，先后担任通信员、班长、排长、连长、营长、团长、旅长、师长、军长、司令员，直至共和国少将、上将、中共中央副主席。

李德生的一生有很多转折点，在每一个关键的时间节点上，他都表现出了无与伦比的大智大勇，而这种大智大勇又集中地体现在他的两次孤身排险上。

第一次是抗日战争时期。时任八路军太行二分区三十团团长的李德生指挥了著名的马坊歼灭战。马坊镇是通往太原、长治等五地的交通枢纽，日军在此修筑了坚固的堡垒。为详细了解马坊据点内的地形、敌情，李德生决定亲自进入据点进行侦察。开始，分区领导以这样太危险而坚决不同意。经再三请求得到批准后，李德生向房东借来了一身破旧棉袄、棉裤穿上，头上扎条脏兮兮的羊肚毛巾，脚上穿双破了口的老头鞋，脸上再抹点锅灰，化装成给据点送菜的农民，终于摸清了地形和敌情。

1945 年 3 月 4 日下午，天空突然下起了大雪，李德生立即下令部队以急行军向日军马坊据点进发。敌人没有一点防备，被这次突然袭击打得晕头转向。李德生正守在大院门口指挥着 82 名突击队员作战，忽然从城墙上跳下一个日军，两手高举着一把东洋战刀，“哇啦哇啦”地大叫着发疯似的朝他冲了过来，李德生举起刚刚缴获的战刀，侧身一闪，手起刀落，向那个日军的头上猛劈过去。那个日军被砍伤后不顾一切冲出大门想逃跑，却被两名突击队员活捉，仔细一看竟是日军的铃木队长。此战全歼日军数十人，生俘 8 人，缴获小炮 1 门，轻、重机枪各 1 挺，步枪数十支，枪炮弹 90 余箱，敌人的这个据点被彻底铲除。

第二次是处理林彪叛逃事件。1971 年 9 月 12 日晚，李德生受周总理委托，在极其危险的情况下，只带一个警卫参谋，孤身进入空军指挥所，代替周总理在一线掌控调度全军，成功地指挥处理了“九一三”林彪叛逃事件。

在李德生军事生涯中，除了参加夜袭阳明堡机场、响堂铺、百团大战等著名战役战斗外，襄樊战役中，他靠前指挥，巧用奇兵，“刀劈三关”，夺取了琵琶山、真武山、铁佛寺三道关口，一举破城；淮海战役中，他率部连续 9 天急行军，协同其他部队形成了对黄维兵团的主攻，并激战两天一夜，攻占了双堆集东侧敌核心阵地；1949 年 4 月他率部胜利攻占敌长江防线铁板洲阵地，夺取渡江跳板。

1951 年 3 月，李德生参加抗美援朝战争，历任中国人民志愿军第十二军三十五师师长、副军长、第一副军长兼参谋长，先后参加了第五次战役、金城反击战和上甘岭战役。在金城反击战中，李德生按照毛主席“积极防御”“零敲牛皮糖”的作战指导思想，及时总结经验教训，在改良坑道、巩固防御阵地的同时，主动出击，率三十五师先后与敌人进行大小战斗 421 次，歼敌 1.9 万余人，改善了我军的防御态势。

在上甘岭战役第二阶段，李德生奉命统一指挥在前线作战的第十二军、第十五军所属部队，浴血奋战，击退敌人数百次猛烈进攻，赢得了上甘岭战役的最后胜利，打出了中国的军威、国威。李德生因此荣获朝鲜民主主义人民共和国二级国旗勋章和一级自由独立勋章。

从朝鲜战场回国后，1954 年 4 月，李德生担任陆军第十二军军长，1955 年被授予少将军衔，1988 年晋升为上将。除了在军队担任要职外，李德生还先后担任第十届、第十一届、第十二届中央政治局委员，第十届中央政治局常委，第十届中央委员会副主席，中共中央顾问委员会常委。

但是，这位放牛娃出身的党和国家领导人朴实、厚道、正直，一直保持劳动人民的本色，始终把自己当作一名普通的战士，一名普通的共产党员，一个劳动人民的儿子，勤劳朴素。据李德生的长子李和平回忆，在穿的方面，除了军装和接待外宾穿的礼服外，李德生没几件像样的好衣服。内衣总是缝缝补补，公务人员嫌破给扔了，又被他勒令捡回来，洗洗补补再穿。实在不能补了，就做抹布。

李德生也从不搞特权。三年经济困难时期，粮食紧张，李德生已经是军长了，但由于子女多，家里定量供应的粮食不够吃，部队额外补助的粮食，李德生从来不要。有一次，管理处按统一规定送来了两袋大米，他知道后，硬是让公务人员又拿了回去。家里粮食实在不够吃，就到农村去买红薯、南瓜甚至豆饼充饥。李德生还在自家的小院里种南瓜、红薯，以补助粮食的不足。

李德生对子女要求严格，从不搞特殊。李和平遵从父愿参了军，但是，读书的梦想却一直埋藏在心底。恢复高考以后，李和平很想上大学，那时在部队上大学比较容易，根本不需要特殊关系。可李德生却专门打电话给李和平所在部队的领导，明确说李和平不能去，不能搞特殊化。就这样，李和平在基层一干就是十几年。

李德生对人民群众怀有深厚的感情，他十分关心百姓疾苦，始终与人民群众打成一片。1993 年 5 月，李德生偕夫人、子女回到新县，这是他新中国成立后第一次回故乡。他深入田间地头，同乡亲们拉家常。当他看到家乡的教育落后，校舍简陋，许多学生因贫困而辍学时，心中异常难过。他拿出自己的积蓄，又多方筹措资金近百万元，在家乡建起了希望小学和中学。

2011 年 5 月 8 日，李德生在北京因病逝世，享年 96 岁。在 80 多年的革命生涯中，无论是战火纷飞的战争年代还是和平年代，无论是一帆风顺还是身处逆境，李德生始终用忠诚、智勇、从容、冷静书写着为党、为国、为民的伟大情怀。

民族英雄杨靖宇

在中华民族灿若群星的民族英雄之中，杨靖宇的名字可谓家喻户晓，妇孺皆知。

杨靖宇原名马尚德，1905 年出生在河南省确山县李湾村一个农民家庭。在东北从事党的地下工作时，他曾化名张贯一、乃超，因“靖宇”一词在朝鲜语中有“驱逐外敌”之意，遂从此改名杨靖宇。

杨靖宇 8 岁时在村里的私塾就读，1918 年以优异的成绩考入确山县立第一高等小学堂。1923 年，杨靖宇考入开封纺织染料工业学校，开始接受马克思主义。1925 年他投入“五卅”反帝爱国运动，参加示威游行。1926 年，杨靖宇加入中国共产主义青年团。1927 年 3 月，为迎接北伐军胜利北进，杨靖宇受中共组织派遣，从开封回确山开展农民运动，领导了确山农民起义（又称确山暴动）。同年 5 月，杨靖宇加入中国共产党。确山起义失败后，杨靖宇被调到中共河南省委工作。

刘少奇很赏识杨靖宇，把他看作是得力同志。1929 年 8 月，杨靖宇被刘少奇派到抚顺，任中共抚顺特别支部书记。他一到抚顺，就到煤矿当上了一名矿工。杨靖宇在同矿工们的接触中，根据实际情况，采取易于被接受的形式，如拜把子组织兄弟团、识字班等，把矿工们团结组织起来。

当时，日本矿主为了最大限度地压榨矿工们的血汗，决定裁减人员，加长工作时间。矿工们怨恨交加，都来找杨靖宇出主意。杨靖宇决定先从经济斗争入手，借此机会发动矿工开展罢工斗争。矿工代表向日本矿主提出了改善劳动条件、增加工资等条件，如日本矿主不答应，坚决不复工。日本矿主被迫答应了矿工们的条件。煤矿大罢工震惊了抚顺城，引起了日本关东军的警觉，于是下令驻守抚顺的日本警察署搜寻中共地下组织。因遭内奸出卖，杨靖宇被俘入狱。

1931 年九一八事变后，杨靖宇被组织营救出狱，他积极领导东北人民进行抗日斗争。1932 年 11 月，杨靖宇被派往南满。在吉林磐石一带，他按照中国工农红军的经验整顿当地游击队，组建了中国工农红军第三十二军南满游击队，并亲自任政委。他领导游击队运用灵活机动的游击战术，在根据地人民的大力支援下，粉碎了敌人 4 次围攻，并主动出击，在不到 5 个月的时间内，进行大小战斗 60 余次，打死打伤日伪军 130 余人，缴获许多武器弹药。游击队在战斗中越战越强，由建队时的不足百人扩大到 250 余人，声威遍及南满。

九一八事变后，救亡图存、抗击侵略成为摆在中国人民面前的首要任务。中共中央关于建立东北抗日统一战线的精神传达到南满后，杨靖宇从实际出发，立即把这一指示精神贯彻到实际斗争中去，明确提出动员一切力量联合抗日的口号。当时，南满磐石地区有许多打着各种番号的反日义勇军、山林队，杨靖宇采取写信劝说等办法，做联络团结工作，争取共同抗日。在他的不懈努力下，原本各自为战的各路抗日武装纷纷团结起来。杨靖宇顺势而为，创建了以磐石县红石砬子为中心的游击根据地，使反日部队逐渐团结在游击队周围。

1933 年 9 月 18 日，杨靖宇在中国工农红军第三十二军南满游击队基础上，成立了东北人民革命军第一军独立师，并出任师长兼政治委员。此时，杨靖宇根据敌我力量悬殊的情况，采用避实击虚、积极防御的作战方针，联合其他抗日义勇军伺机狠狠打击敌人。到 1934 年，独立师已由成立时的 300 人发展到 800 余人。所属部队活动区域已扩展到辉发江南北两岸 10 余县，给日伪在南满的反动统治造成了极大威胁。

在党的联合抗日的旗帜下，杨靖宇又团结了 20 支抗日武装，队伍壮大到 4000 人。1934 年 2 月 21 日，独立师和各抗日武装联合成立东北抗日联合军，杨靖宇被推选为总指挥。在杨靖宇领导下，东北抗日联合军多次粉碎日军连续不断的“大讨伐”，沉重打击了日军的嚣张气焰。

1935 年 10 月，中华苏维埃共和国中央政府和中国共产党中央委员会发表《八一宣言》，提出建立抗日救国统一战线，号召全国团结一致抗日。东北人民革命军及各抗日部队统一整编为东北抗日联军，杨靖宇任东北抗日联军第一军军长兼政委，同时领导部署地方党组织。但是，为了摧毁东北抗日武装，1935 年初，日军集结伪军 10 万人，向南满地区发动了更加疯狂的“大讨伐”。

为粉碎日军的“大讨伐”，1935 年 8 月中旬，杨靖宇率军部教导团 150 人开始行动。他不走大路，专走林间小路，穿山越岭，专门寻找敌人包围圈的薄弱环节。20 日，杨靖宇突然率部向驻守柳河黑石头大道的伪军 300 余人发起了猛攻。一场气壮山河的白刃战后，毙伤敌人 60 余名，俘虏 10 余名，缴获枪支 150 支、迫击炮 1 门，胜利突出重围，将敌人的“讨伐”大军全部甩在身后。

10 月中旬，在部队取得多次胜利后，杨靖宇决定让部队休息，同时派出多路侦察员严密监视敌人的动静。在得知指挥“大讨伐”的伪第一军管区司令官于芷山的真实意图后，杨靖宇将计就计，在伪奉天军全部出动，整个辽南地区防御空虚的情况下，远离自己的根据地，向千里之外的辽南地区进行长途“游击”。

11 月下旬，杨靖宇率领军部教导团和一师一部出发，一路专拣山路、险路、小路行进，昼夜兼程，进入宽甸境内后，迅速与当地的一些抗日山林队组成了一支 500 余人的队伍，于 28 日大白天突然攻下了宽甸县步达远街。杨靖宇的突然出现，立即引起了整个南满的震动。杨靖宇又乘势率部“南下”，一路急行，给当地的汉奸造成了一种他真要南下辽东半岛的强烈印象。于芷山和大连日军空前紧张起来。杨靖宇南进了数十里，突然掉头进入山林，折向西北，两天一夜行进了 300 里，悄悄到达本溪城外。12 月末的一天深夜，远征部队联合当地的多支山林队，对本溪郊外的日本碱厂发起了突袭。于芷山当即急令“讨伐”东边道的敌军回师辽南、本溪、奉天各地，部署防御。至此，伪奉天、安东两省 1935 年度的“秋季大讨伐”再次以失败告终。1936 年 1 月上旬，杨靖宇率部胜利返回河里根据地。从 1935 年的 8 月到 12 月，杨靖宇孤军南征，在敌人统治严密的地区迂回行进 2000 多里，东至中朝边境，南到辽南，西到本溪，到处开花，谱写了东北抗日游击战争史上极为光辉的一章。

1936 年初，日军为了彻底消灭活动在抚顺地区的东北抗日联军，调集了一个师团的兵力，在汉奸邵本良一群土匪的配合下，开始大举向抚顺地区进攻。为粉碎敌人这次“大讨伐”的阴谋，在强大的敌人面前，杨靖宇采取牵牛鼻子的办法，迂回作战。经过几次长途急行军，敌人被拖得筋疲力尽。杨靖宇把部队分成几个小分队，分散敌人的兵力，然后采取麻雀战术，用各个击破的办法歼灭了许多敌人。气急败坏的敌人吃了几次败仗之后，便集中兵力，在三木指挥下，找机会与杨靖宇决战。杨靖宇看透了敌人的阴谋，便将计就计制造逃跑的迹象。敌人果然信以为真，派邵本良余部紧追不舍。而东北抗日联军在杨靖宇的率领下，日夜兼程，长途跋涉千余里，迂回到凤城县的梨树甸子，精心设好埋伏圈。待邵本良残部完全进入伏击圈内后，杨靖宇一声令下，全体指战员一齐开火。经过 4 个多小时的激战，几乎歼灭了所有残敌，邵本良仅带着 7 名土匪逃掉。

卢沟桥事变后，杨靖宇发动西征，经常出击日军，支援关内的斗争。1938 年 5 月，杨靖宇召集南满党和军队干部开会，讨论坚持游击战争策略。会后，在通化、临江一带开展抗日斗争，给敌伪军以沉重打击。

同年冬，日寇实施惨无人道的归屯并户政策，进行武装屯田移民，加强对南满抗日根据地的摧残。在处境更加艰难的情况下，杨靖宇率第一路军一部1400多人进入长白山密林中活动。

1940年初，为解决部队给养问题，杨靖宇命部队主力北上，自己带领一支小部队东进。1940年1月中旬，杨靖宇的队伍在蒙江与伪军相遇。由于缺少给养，队伍损失惨重，一些将士被捕后叛变投敌，向日军泄露了抗日联军的详细情报。得到情报的日军调集重兵对杨靖宇所率队伍实施“铁壁合围”。经过多次突围激战，到2月15日，杨靖宇身边仅有的7名战士，4名都负了伤，弹尽粮绝，陷入绝境。杨靖宇下令分头转移。后来，杨靖宇身边只剩下2名警卫员。但是，2月18日，2名战士下山去村落里找食物的时候，被日伪军杀害。2月22日晚，被日伪军连续围追堵截五天五夜的杨靖宇，在蒙江县西南三道崴子的一间雪地小破屋里，度过了人生的最后一夜。2月23日上午，杨靖宇遇到了4个上山打柴的樵夫，于是托他们帮买些食物和棉鞋。其中一人回去后向日伪当局告密。下午，关东军讨伐队包围了杨靖宇，并紧急召集由抗联叛徒组成的伪满特工队参战。经过激战，杨靖宇倒在了叛徒的子弹下，壮烈殉国，终年35岁。

杨靖宇牺牲后，日军对他被围困在冰天雪地里断粮五天五夜却能存活的奇迹疑惑不解。为了解开谜团，日军残忍地将杨靖宇剖腹。经解剖，发现他胃里尽是枯草、树皮和棉絮，残暴的侵略者也为之震惊和折服。杨靖宇用青春和热血书写了荡气回肠的抗日诗篇，他的英名将永存人间。

抗日英雄吉鸿昌

1895 年 10 月 19 日，在河南省扶沟县吕潭镇的一个小茶馆里，前来品茶的茶客们一个个面带喜色，双手抱拳向为人厚道的茶馆老板吉筠亭道贺。因为就在前一天，吉筠亭喜得贵子。

吉筠亭看着这个生下来就比一般婴儿大一号的孩子，心中对吉家的未来充满了希望，他希望这个孩子无论在什么样的情况下都能够顶天立地，给吉家带来好运，因此就给他取名叫吉恒立，后又为他改名吉鸿昌。

吉鸿昌 6 岁时，母亲不幸病逝，使这个原本贫困的家庭雪上加霜。幼年的吉鸿昌无法和别家的孩子一样进学堂读书，只能在劳动之余，到乡塾里旁听先生讲课。这反而让他比家庭条件好的孩子更加努力。日积月累，吉鸿昌认了不少字，很快就能读懂一些书了。在他有限的阅读范围里，岳飞、文天祥、戚继光等人的故事让他百读不厌，并常向儿童们和街坊邻居讲述。

吉鸿昌从小就见不得富人欺压穷人。每当看到地主恶少对穷人孩子寻衅欺凌时，他总是大喝一声，挺身而出，为穷人打抱不平。色厉内荏的地主恶少们则往往慑于他的块头儿而不得不有所收敛，这使得吉鸿昌在幼年时代就为乡邻们称道。

1913 年 8 月，冯玉祥正在郾城一带招兵。吉鸿昌在得到父亲的允许后，带着父亲从箱底拿出的一块银圆，步行到郾城去投军。冯玉祥挑选新兵非常严格，不但要求应征者品行端正，出身劳动阶层，而且还要摸摸手掌上有无老茧。当时虽不满 18 岁，但已是一米九多身高的吉鸿昌在众多应征者中显得格外魁梧雄健，英姿威严，加上谈吐忠厚实诚，手掌上又有厚厚的茧子，很快被招募人员选中。从此，吉鸿昌的戎马生涯正式启幕。

南宋著名诗人陆游有句诗叫“位卑未敢忘忧国”，抒发的是一种以天下为己任、勇于担当的热血男儿的高尚情怀。这也是吉鸿昌的真实写照。更难能可贵的是，吉鸿昌不但具有这种情怀，而且将这种情怀付诸实际行动。投军以来，吉鸿昌的官职虽不断提升，但与当时那些能呼风唤雨的大军阀相比，他终究还是个小人物，可是，这却丝毫没有淡化他“当兵救国，为民造福”的信念。

1926 年春，吉鸿昌任绥远警务处长时，为解决大青山周边百姓出行难题，他亲率所辖骑兵团和手枪营的官兵在大青山南北通道要塞蜈蚣坝劈山修路。如同在战场上作战一样，他手拿铁锹率先在工地上大干起来。在吉鸿昌的带领下，广大官兵干劲十足，工地一片热火朝天的景象。在当地居民的支持下，仅用了几个月时间就修成一条大路。工程竣工后，吉鸿昌亲手书写了“化险为夷”4 个大字，镌刻在坝顶公路右侧。

震惊中外的九一八事变发生后，日本帝国主义侵占了我国的东北三省。吉鸿昌时任第二十二路军总指挥，力主抗日，并为此四处奔走呼吁。蒋介石为了阻挠吉鸿昌的抗日活动，逼迫他携眷出国，作“军事考察”。

到了美国纽约，一次，吉鸿昌穿着整齐的军装，率领一行随从人员正在街上走，突然有个人拦住他问道：“你是日本人吧？”吉鸿昌朝这个不怀好意的人乜了一眼，随即叫翻译回答说：“不，我是中国人！”对方听了摇摇头表示不相信：“中国人？东亚病夫，不可能有这样魁梧、高大的军人……”

有一次，吉鸿昌到纽约的一家邮局寄送东西，当被那里的工作人员问及“你是哪国人”时，吉鸿昌故意提高了嗓门，大声道：“我是中国人！”对方奚落道：“地图上已经找不到中国了。”

接连受到这样的嘲笑和侮辱，吉鸿昌感到异常气愤。一次在吃饭的时候，饭菜都已备齐了，可吉鸿昌却丝毫没有食欲。他严肃地对身边随从人员和家人说：“他们侮辱我吉鸿昌本人，我并不在乎，但我们是代表中国到美国来考察的，受侮辱的是我们整个国家、整个民族啊！”为了显示自己作为一个中国人的骄傲和自豪，吉鸿昌就亲自动手，用草板纸自制了一个约20厘米长的长方形牌子，用毛笔写上“我是中国人”几个大字，并在下边注上英文。以后每次出门，他都挂着这个牌子，挺着胸膛，昂首阔步而行，这引起了很多人的注目，也让他们感到中国人是有血性的。

1932年1月28日“一·二八”事变爆发后，吉鸿昌闻讯立即回国，寓居天津，秘密与中共华北政治保卫局取得联系。不久，他整理出版了《环球视察记》，借以抒发他忧国报国的热情。同年4月，吉鸿昌在北平光荣地加入了中国共产党，从此踏上了新的革命征程。

为实现抗日救国的誓愿，1933年5月，吉鸿昌变卖家资，购置武器，联合了爱国军人冯玉祥等，在张家口组织起察哈尔民众抗日同盟军，发表“外抗暴力，内除国贼”的声明，并一度收复了张家口以北的大片土地，把日伪军队赶出了察哈尔省。其间他曾即兴作诗：“有贼无我，有我无贼。非我杀贼，即贼杀我。半壁河山，业经改色。是好男儿，舍身报国！”天津各界抗日联合会得到抗日同盟军胜利的消息，立即派人赴前线慰问。后来，由于蒋介石想方设法破坏抗日同盟军的爱国行动，致使吉鸿昌因弹尽粮绝而失败。

在蒋介石的重压下，吉鸿昌建立的抗日同盟军不得不宣布解体。此后，吉鸿昌被迫转入地下，在北平、天津等地继续从事抗日活动。1934年5月，吉鸿昌在天津组织成立了中国人民反法西斯大同盟，并被推举为主任委员。此时吉鸿昌的处境十分险恶，蒋介石指派特务一直在跟踪通缉他，但他毫不畏惧地表示："蒋介石缴了我们的枪，我们还可以用嘴宣传抗日救国的道理。"吉鸿昌就在自家三楼的一角设立了一个秘密印刷所，出版《民族战旗》报，宣传抗日救亡真理。

1934 年 11 月 9 日，吉鸿昌不幸被国民党反动派逮捕，11 月 24 日被杀害，时年 39 岁。殉难前，吉鸿昌从容走上刑场，以树枝作笔，以大地为纸，写下了一首气吞山河的就义诗："恨不抗日死，留作今日羞。国破尚如此，我何惜此头。"

天地英雄气，千秋尚凛然。吉鸿昌的伟岸身影和民族魂魄，与山河同在，与日月同辉。2009 年，吉鸿昌被评为 100 位为新中国成立作出突出贡献的英雄模范人物之一。这位富贵不淫、威武不屈的抗日民族英雄永远值得后人敬仰。

红二十五军“军魂”吴焕先

在鄂豫皖三省交界的大别山中段南麓的麻城，民国时期有一所著名的高等学府——麻城乙种蚕业学校，吸引了鄂豫皖三省交界处的大批有志青年才俊前往求学读书，寻求真理。

1924 年冬，麻城乙种蚕业学校放寒假的时候，一个家住河南新县的 16 岁学生，从学校带回家一张马克思的画像，贴在了自家堂屋的香案上。他的父亲很生气地斥责他说那是敬祖宗的地方，而他却向父亲解释说，马克思是革命导师，更应该受到崇敬，因为照他的办法去做，就会创造出一个新社会。后来，这个青年人果然在马克思主义学说的指引下走上了革命道路，成为红二十五军“军魂”。他就是吴焕先。

1907 年，吴焕先生于河南省新县。他童年读私塾，在麻城乙种蚕业学校求学时加入社会主义青年团。20 世纪 20 年代，正在求学的吴焕先在轰轰烈烈的大革命运动激发下开始走上革命道路。吴焕先的三叔原本对他寄予厚望，期望他念完洋学堂，将来能混上一官半职，自己也能跟着沾点光，于是就主动上门送学费。可他没料到，19 岁的吴焕先毕业后就加入了中国共产党，随后即在党的领导下搞起了农民运动，在家乡发展和建立党的秘密组织，组建农民协会。1926 年秋，吴焕先将几家佃户、债户请到家里，向他们宣传革命思想，并当面烧毁了他们的租地契约和债务借据，这在当地引起很大轰动。人们奔走相告，农民交口称赞，地主恶霸却对他恨之入骨。这年冬天，极端仇视农民运动的地主豪绅，勾结土匪和“红枪会”反动武装200余人，直扑吴焕先家所在的箭场河乡四角曹门，吴焕先的父亲，大哥、大嫂和他们不满半岁的孩子，二哥和五弟惨死在屠刀之下，只有母亲、二嫂与侄女荣荣、四弟幸免于难。吴焕先闻讯赶回家料理丧事，看着亲人血肉模糊、惨不忍睹的遗体和重金悬赏捉拿他的特大告示，一定要将革命进行到底的意志和决心更坚定了。

这次劫难之后，吴焕先全身心地投入了工农革命的历史洪流。1927年他参与领导了黄麻起义。1931年5月任中国工农红军第四军第十二师政治部主任，11月任红四方面军第二十五军第七十三师政治委员，参加了鄂豫皖苏区历次反“围剿”。1932年10月，红四方面军主力离开鄂豫皖苏区后，吴焕先任鄂东北游击总司令部总司令。红二十五军重建后，吴焕先任政委。

吴焕先的心里永远装着革命事业、战士和老百姓，在最困难的时候他也是有条不紊，指挥若定。1928年，鄂豫皖革命根据地的斗争处于低潮期。深秋的一个夜晚，吴焕先和30多名赤卫队员被一营国民党军和民团武装围困。三天来，他们除了就地弄点野菜、野果，别的什么吃的也没有。敌人戒备森严，要突围出去实在很困难，为保存这支革命力量，胜利突围，吴焕先决定让战士们每人去老乡的地里扒两块红薯充饥，吃饱肚子后突围。同时，又命人秘密地在一个白布包里装了5块白洋，埋在一棵红薯下面。布上写着两行字：亲爱的老乡！我们是红军，因为要同白军作战，吃了您的红薯，随付白洋五元。请收。吴焕先率赤卫队突围后，这件事很快传播开来，老百姓们更加确信红军是老百姓的队伍，因此，对工农红军的感情更深了。

1934年11月，红二十五军在军长程子华、政委吴焕先和鄂豫皖省委率领下，高举中国工农红军北上抗日第二先遣队的旗帜向西挺进，开始长征。25日晚，红二十五军在打垮了尾随的敌“追剿队”后，继续前进，打算西入伏牛山区。夜里气温骤降，北风呼啸，雨雪交加，部队在风雪中连续急行军。26 日下午一时左右，当靠近河南南阳方城县独树镇附近时，行军队伍遭到敌军突然袭击。此时雪更大了，天地间一片灰蒙蒙，几步以外什么也看不清。先头部队因雨雪看不清前方，发现敌人较迟，加上战士们极度疲劳，冻僵的手指怎么也拉不开枪栓，只得被迫后撤，队伍顿时出现混乱，敌人趁机猛攻，并从两翼包围上来，全军生死命悬一线，情况十分危急。就在这紧要时刻，军政委吴焕先骑马冲了上去。他抽出手枪，又从一名战士身上拔出大刀，对战士们大声喊道："同志们！站住！坚决顶住，决不能后退！"随即他举起大刀高呼："同志们！现在是生死存亡的关头，决不能后退！共产党员、共青团员们都跟我来——冲啊！"冒着密集的炮火，吴焕先带头向前冲去。同志们被这激昂的声音震撼了，一个个热血沸腾，勇气倍增，端起刺刀，挥舞大刀，迎着敌人的火力，冲上去与敌人进行肉搏。战士们有的刺刀折断了，就用枪托砸，有的武器坏了，就抱住敌人扭打。经过一番恶战，终于打退了敌人的进攻，保证了突围的胜利。独树镇战斗是关系到红二十五军生死存亡和长征胜败的关键一战，吴焕先在紧要时刻临危不惧，身先士卒，对稳定战局起了关键性的作用。

吴焕先向来很重视群众工作，他时常对部队讲："我们是工农红军，决不能忘了根本。不管走到哪里，都要依靠当地老百姓。"1935 年夏，为了迎接中央红军北上，红二十五军挺进甘肃，攻占两当、秦安等县城后在静宁县以北的兴隆镇（今属宁夏）休整。

兴隆镇是回族群众聚居区，由于历代反动统治阶级的残酷统治，当地回族群众一听说兵来了，都异常惊恐。街上几十家商店都关了门，街头一座很大的清真寺也冷冷清清的。

部队进驻兴隆镇之前，吴焕先就找了几个贫苦群众、地方乡绅、小学教员、货郎小贩，在一起促膝交谈，进行了一番调查研究，并依据所了解到的情况，为部队制定了“三大禁令、四项注意”：禁止部队驻扎清真寺，禁止毁坏回族的经典文字，禁止在回民地区吃大荤；注意尊重回族人民的风俗习惯，注意使用回民的水桶在井里打水，注意回避青年妇女，注意实行公买公卖。他在对部队进行动员时说：“我们是第一次进入西北回民地区，一定要以自己的实际行动执行好党的民族政策。要争取革命成功，必须团结和依靠各族人民群众。”吴焕先等军领导还派遣手枪团的几名回族战士先行进入兴隆镇，把事先写好印好的标语、传单、布告广为张贴，进行宣传。

吴焕先还把镇上几位有名望的人士和清真寺的阿訇邀请到军部做客。他发现来客中有的愁眉苦脸，有的坐立不安，就开门见山地说：“红军进驻兴隆镇，一不向你们派捐款，二不向你们催粮草，三不拉你们的民夫壮丁。大家尽管放心，红军决不骚扰老百姓。我们也不在此地停留，稍作休整之后，很快就走！”随后他又讲了党的抗日救国主张和红军的政策纪律。吴焕先的一席话打消了客人的顾虑。

为了让回族老乡们彻底放心，表示对回族人民的敬意，增进红军和回族人民的团结，吴焕先还特地制作了一块上写“回汉兄弟亲如一家”的匾额，在一个全副武装的步兵连和军号锣鼓组成的军乐队的护送下，送给当地的清真寺。红军尊重和爱护回族人民的实际行动，使当地群众深受感动，赞不绝口。一位白发苍苍的老人说：“活了这么大岁数，没见过这么好的军队。”红军队伍离开兴隆镇后，利用收编在军政治部宣传队的回族战士，担任沿途回民地区的联络工作，向群众宣传党的政策，扩大影响。一路上，“红军好”的消息不胫而走，很快传遍了陇东高原。后来，中央红军到达陕北，毛泽东夸奖红二十五军在路过陇东回民地区时留下的良好影响，说红二十五军的民族政策水平很高，执行得很好！

1935 年 7 月，红二十五军北出秦岭，威逼西安。在获知红四方面军和中央红军北上动向后，红二十五军毅然作出西进甘肃，迎接党中央，北上会合陕甘红军的决定。红二十五军挥师猛进，占两当、攻天水，连克秦安、隆德县城，翻越六盘山，直逼平凉，截断西兰公路。8 月 21 日，吴焕先在甘肃泾川县王村镇四坡村和羊圈洼战斗中壮烈牺牲，时年 28 岁。

吴焕先用自己的忠诚、英勇与智慧成为红二十五军的灵魂人物。他无私无畏，百折不挠，英勇机智，指挥若定，在多次恶战中使所率部队转危为安，转败为胜。他品德高尚，意志如钢，胸怀全局，有远见卓识。毛泽东评价说："红二十五军远征为中国革命立了大功，吴焕先功不可没！"2009 年，吴焕先烈士当选为 100 位为新中国成立作出突出贡献的英雄模范人物之一。

抗战英模叶成焕

叶成焕，河南新县人，抗日战争时期担任八路军第一二九师三八六旅七七二团团长，在抗战时期曾立下赫赫战功，于1938年4月18日凌晨壮烈牺牲，年仅24岁。叶成焕是著名的抗战英模，八路军优秀指挥员。2009年9月14日，他被评为100位为新中国成立作出突出贡献的英雄模范人物之一。

新县郭家河乡土门村吴河湾是大别山区一个风景秀美的小村庄。1914年10月19日，叶成焕出生在吴河湾一个贫苦农民家庭。作为家中长子，叶成焕的少年是在放牛、割草、种庄稼、干农活中度过的。叶成焕的家乡新县是一片红色的土地，这里有着火热的革命氛围。1929年，15岁的叶成焕在家乡参加革命，次年参加鄂豫皖红军，后随红四方面军参加了举世闻名的长征。在红军中，叶成焕屡建战功，历任指导员、营政委、团政委、师长、师政委等职，是红四方面军的一员虎将。

全面抗战开始后，叶成焕被任命为八路军一二九师三八六旅七七二团团长。一二九师在抗战时期赫赫有名，师长是刘伯承，三八六旅旅长是陈赓。1937年10月，叶成焕随部队开赴太行山抗日前线，投身于神圣的民族解放战争中。

历经无数次战役的磨炼，叶成焕已经具备了卓越的军事指挥才能和英勇无畏的革命精神。在抗日战争这个特殊战场上，叶成焕更是大展身手，初上太行，就带领队伍接连打了几场漂亮仗。

1937年10月19日，叶成焕率领七七二团刚刚到达山西平定县城以东的石门口。此时，沿正太线西侵太原的日军两个师团向晋东著名关隘娘子关发动猛烈攻击，该线国民党军队数万人节节败退，娘子关东南旧关等重要阵地逐渐失守，晋东前线形势十分危急。叶成焕的部队在石门口已经能清晰地听到娘子关、旧关一带传来的隆隆炮声。根据师部命令，七七二团向晋东前线进军，插入日军侧后，积极寻机歼敌，解除娘子关、旧关危机。10月20日，叶成焕率领七七二团到达长生口附近的支沙口。21日夜晚，叶成焕派出七七二团以追击歼敌而闻名、被誉为“飞毛腿”的第三营，在副团长王近山的率领下，去袭击集聚在板桥西北后山的日军。部队刚过长生口，即将登山之际，突然从前面板桥方向开来一队日军，正偷偷向西进犯。王近山立即命令部队迅速隐蔽，形成一个严密伏击圈。当日军全部进入伏击圈后，战斗打响，战士们“关门打狗”。这一仗，经一个多小时的激战，毙敌四五十人，打胜了奔赴抗日前线的头一仗。

长生口战斗的胜利，大大鼓舞了八路军战士的士气，增加了叶成焕等八路军指战员与日寇交战的经验。接着，叶成焕率部于10月底在山西平定县七亘村连续两次设伏，出奇制胜，以小的代价取得了歼敌近300人的战绩。

1938年初，叶成焕又率部参加了长生口、神头岭、响堂铺3次著名战斗，有力地打击和钳制了日军，为创建晋东南抗日根据地作出了重要贡献。

七七二团在叶成焕指挥下，抗战初期在全师赢得了“攻如猛虎，守如泰山，百战百胜”的赞誉。

1938年4月初，日军调集3万余人分九路向晋东南大举进犯。4月15日黄昏，陈赓命令七七二团以一部兵力攻袭武乡城。占领武乡的3000多日本鬼子，在八路军攻击前仓皇弃城向武乡以东的长乐村逃窜。

根据部署，叶成焕率七七二团追击。4 月 16 日清晨，七七二团在长乐村河谷将撤退的日军拦腰截断，战斗迅即在长乐村周围展开。日军疯狂挣扎，向七七二团发起了轮番冲击，战斗异常激烈。叶成焕命令部队抢先占领要点，集中火力对顽固日军猛烈扫射，打垮了鬼子的数次冲锋。战斗一直持续到下午 5 点，在兄弟部队的配合下，一二九师基本消灭了被围困在河谷里的日军。

此时，日军从附近的辽县据点派出大批援兵进行增援。一二九师师长刘伯承审时度势，决定以一部分兵力阻击和迷惑敌人，掩护主力部队撤出战斗。叶成焕按照命令，及时组织部队撤离战场，而他自己却撤在最后的一个排。

撤退中，为了了解日军增援情况，他跑上一个高坡，用望远镜观察敌情。此时增援的日军已经冲到坡下，叶成焕将自己的安危置之度外，一面观察，一面思索有没有机会消灭一部分援敌。突然，一颗子弹射中了他的头部。4 月 18 日凌晨，叶成焕终因伤势过重，流血过多，壮烈牺牲。

刘伯承师长得到叶成焕受伤的消息后，三步并作两步奔到七七二团，颤抖着俯下身子用力将他抱在怀里，连声呼唤：“成焕，成焕！……”

1938 年 4 月 18 日，朱德总司令专程从八路军总部赶到山西省榆社县郝北村，参加了一二九师为叶成焕举行的追悼会。八路军第一二九师师长刘伯承、政治委员邓小平、副师长徐向前和三八六旅旅长陈赓与干部战士代表依次铲起一锹锹黄土，将叶成焕同志的遗体安葬在太行山上。

叶成焕，这位贫苦农民的儿子，红军时代的虎将，抗日战场的英雄，为中华民族的解放事业献出了自己宝贵的生命，长眠在他战斗过的晋东南大地上。

壮士本色宋学义

1939年仲夏的一天，太阳像一个沸腾的火球，疯狂地炙烤着中原大地。河南济源王屋山脚下的一条破烂不堪的沙石小路上隐隐地冒着白烟，一个骨瘦如柴、愁苦不堪的年轻人正拖着沉重的步伐艰难地向前行走。突然，山坳里闪出一支队伍，他们迈着整齐的步伐朝这个年轻人迎面走来，把这个未曾见过世面的年轻人吓得不轻。

这个年轻人名叫宋学义，是河南省沁阳市王曲乡北孔村人，时年21岁。宋学义从小就为人当童工，虽然全家老小拼死拼活地劳作，可还是维持不了生计。1937年，全家仅有的二亩保命田也被地主夺了去。从此，一家人的生活更无着落，宋学义只好背井离乡，逃荒要饭。这时的宋学义正是在逃荒要饭的路上。

与这支队伍中绝大多数人的相似经历和共同的仇恨，使宋学义很快就成为这支队伍中的一员。事后得知，宋学义在济源王屋山下巧遇的是抗日游击队，后来，这支队伍参加了八路军，并被编入晋察冀一分区一团七连。

1941年8月，日寇集中兵力向我北岳、平西根据地大举“扫荡”。进攻狼牙山的日本鬼子被一团的游击战打得晕头转向。日本鬼子恼羞成怒，9月25日，他们纠集了3500余人，突然从四面八方围拢过来，妄想把一团消灭掉。一团接到命令，立即撤到狼牙山下。

天黑以后，团长命令六班和二班负责掩护主力秘密转移，要求一定要想尽一切办法把敌人拖住，次日 12 点钟以前，不准敌人越过棋盘陀。连长最后把任务交给了六班五个人——班长马宝玉，副班长葛振林，战士胡德林、胡福才和宋学义。

宋学义他们趁着月色把团部留下的几箱手榴弹捆成束，像埋地雷一样从山脚一直埋到半山腰。天刚亮，就有五六百鬼子向棋盘陀移动。班长让大家做好准备，并命令每人只准扔五个手榴弹。

突然一声巨响，紧接着，第二声、第三声……日本鬼子随着硝烟飞上了天，又摔进山谷里。硝烟过后，鬼子战战兢兢地向山上爬来。越来越近了，只有二三十米时，“打！”随着班长的一声大吼，宋学义他们把手榴弹狠狠地投向敌群。鬼子兵像被戳了的蚂蚁窝，滚的滚，爬的爬，乱七八糟地退了下去。

鬼子被打下去以后，便用猛烈的炮火向山上轰击，整个棋盘陀都在抖动。敌人显然是被六班吸引住了，班长决定继续把敌人往山上引。炮击过后，宋学义他们便利用浓烟作掩护，一边向山上爬，一边用冷枪杀伤敌人、逗引敌人，一直爬到他们接受任务的那个山坡才停了下来。

鬼子吃了一次亏，又不了解山上有多少兵力，也不敢横冲直撞。他们一会儿用机枪扫，一会儿用炮轰，一会儿又一小股一小股地试探着轮番冲击，企图寻找一条攀上棋盘陀的捷径。

敌人的冲锋一次紧接着一次，鬼子摇晃着东洋刀，挥舞着旗帜，号叫着、拥挤着又向山上冲来。五壮士同仇敌忾，一直打到太阳挂到正空，敌人始终未能爬上棋盘陀，崎岖的山路上，横七竖八地躺着许多鬼子兵的尸体。

在胜利完成任务撤退时，为了彻底摆脱鬼子对主力部队的纠缠，五壮士选择了通往棋盘陀顶峰的路作为撤退路线。五壮士抓着石缝里伸出来的小树，踏着凸出的岩石，向三面都是悬崖的棋盘陀的顶峰攀登。敌人发觉了，紧跟在他们后面。宋学义他们一面攀登，一面依托着岩石和树木向敌人射击。

太阳快落山时，宋学义他们攀上了棋盘陀的顶峰。鬼子也像一群疯狗似的跟了上来。这时摆在他们面前的，三面都是万丈悬崖，再也没有地方可以吸引敌人了。鬼子还在拼命向顶峰上爬。五壮士的子弹打完了，鬼子爬得更欢了，副班长不知哪里来的那么大的力气，搬起一块大石头，举过头顶，狠狠地向最前面的一个鬼子砸去。鬼子立刻像被击中了的乌鸦，摇摇晃晃地跌进深谷里。宋学义他们看到后，就一齐举起石头，狠命地向敌人砸去。霎时，石头撞击得鬼子唧哇乱叫，滚滚而下。鬼子还是继续往上爬，离宋学义他们越来越近了。班长马宝玉扔完最后一枚手榴弹后，敌人还是步步逼近。五壮士毫不畏惧，班长举起他那支从日本兵手中夺来的三八大盖说："砸吧，同志们！砸吧，不能把武器留给敌人！"

砸了枪，班长和副班长交谈了几句。然后，班长从口袋里掏出一个小本子，放在膝盖上匆匆地写着什么。写好后，向宋学义他们三个人招了招手，三个人一齐围拢过来。

沉默了一会儿，班长说话了："同志们！我和葛振林是共产党员，以前我们俩对同志们的帮助和照顾很不够。这次战斗证明你们三个人都具备了做一个光荣的共产党员的条件。将来如果同志们能找到我的尸体，他们会在我的衣袋里发现我和葛振林介绍你们三个人入党的信。现在就让我们都用实际行动，表示我们对党的无限忠诚吧！"说完，他把小本子装进口袋，大步向悬崖走去。其他人也都学着班长的姿态，昂着头，挺着胸，紧跟在他的后面。

他们站在悬崖上，一齐转过头来。现在，他们就要和这英雄的山河永别了。宋学义在心里默默地说："永别了，亲爱的祖国，亲爱的党！永别了，亲爱的战友和母亲。我们完成了党和祖国人民交付我们的任务，我们把敌人挡住了。"

班长正了正帽子，拉了拉衣襟，然后，像每次发起冲锋一样，大喊一声："同志们！跟我来！"第一个纵身飞向深谷。宋学义他们紧跟着也一齐跳了下去……

半山腰伸出来的一棵树，把宋学义和副班长葛振林挂住了，宋学义的腰摔断了，而班长马宝玉和胡德林、胡福才却光荣牺牲了。

1944 年，宋学义转业到河北省易县北管头村，任农会主席。根据组织提议，宋学义与贫农出身的李桂荣结了婚。1947 年，宋学义得知家乡解放，遂和爱人一起返回河南沁阳北孔村。在返回家乡时，宋学义就跟妻子约法三章：宁受千般苦，不表一分功。现在日本鬼子刚投降不久，解放战争打得正紧，咱们积极搞好生产，支援前线，在军队上的功劳一个字都不许跟人提！

回来后宋学义发现，他家的房屋已被日本鬼子全部烧毁。村里人要帮他好好修缮一下，可他无论如何都不让，他说，现在解放战争打得正紧，哪有心思先顾自己。1951 年 10 月，当沁阳县政府根据上级指示精神派人到北孔村寻找宋学义的时候，工作人员无论如何也不敢相信这就是英雄的家。当时宋学义没在家，他妻子李桂荣向工作人员讲述了宋学义的情况，并把晋察冀军区政治部颁发的"坚决顽强"奖章出示给工作人员看。宋学义知道后，对妻子严加责备。宋学义认为，一个人把眼睛死盯着自己的成绩，并以此为资本，向党、向人民要这要那，这个人虽然活着，他的思想早就死了。

宋学义任北孔村党支部书记后，工作中勤勤恳恳，任劳任怨，谁家有困难，他都主动登门帮助解决。他的残疾金，大部分都救济了村上的困难户，以至于弄得他家的生活比全村最困难的人家还要紧张，但宋学义毫无怨言。

一次，县里派人专门到他家询问他有什么困难，他却回答说："能不能让县里的水利技术员来我们村一下……"

宋学义一直都没有离开过农村，一直带领着北孔村的乡亲们，战盐碱，斗黄沙，使北孔村的耕地由昔日的蛤蟆坑变成了井渠双保险、旱涝保丰收的稳产高产田。1959 年，宋学义被评为全国革命残废军人社会主义建设积极分子。直到 1971 年在郑州病逝前，他还挂念着村里的生产情况。

如今，宋学义虽已离开我们 40 多年了，但他那英勇无畏、勤劳朴实、密切联系群众的高尚品质和节操，仍是留给后人的一笔宝贵的精神财富。

县委书记的好榜样焦裕禄

在豫东兰考，有一个人虽然已经逝世 50 多年了，但人们对他的敬仰与怀念从来没有改变，他的名字跨越时空，一直响彻在广袤的中国大地上，他在人们心中铸就了一座永远的丰碑。他就是县委书记的好榜样——焦裕禄。

焦裕禄 1922 年 8 月 16 日出生在山东省博山县北崮山村一个贫苦家庭。年轻时焦裕禄被日寇抓去做过劳工，给地主当过长工。抗战胜利后，焦裕禄回到家乡参加民兵。1946 年 1 月加入中国共产党，同年 3 月参加解放军，随军到了河南。焦裕禄先后在尉氏、陈留、郑州等地从事青年团工作。1953 年 6 月，焦裕禄响应党的号召，调到洛阳矿山机器厂参加工业建设。1962 年 12 月，焦裕禄受组织委派，来到以风沙、盐碱、内涝等自然灾害闻名的豫东兰考县，担任县委书记。

兰考县地处黄河故道，自然灾害频发，是个远近闻名的老灾区。焦裕禄到任的那一年，正是兰考连续遭受三年自然灾害最为严重的一年，全县粮食亩产只有 43 斤，是历史最低水平。焦裕禄说："感谢党把我派到最困难的地方，越是困难的地方，越能锻炼人。请组织上放心，不改变兰考的面貌，我决不离开这里。"

焦裕禄到任的第二天，就开始到基层调查研究。他深入到每家每户，了解情况，宣传政策，开展社会主义教育。他拜群众为师，虚心向群众学习，全面了解灾情及其原因，寻找救灾办法。他带着高昂的革命激情和对群众的无限信任，在广大群众中行走、聊天、思考，群众的热情和期盼以及群众从实践中总结的经验，使他坚定了战胜自然灾害的信心。

为统一兰考县领导干部的思想，1963 年元月，在一个风雪交加的夜晚，焦裕禄召开了上任后的第一次县委常委会。让大家疑惑的是，人员到齐后，焦裕禄没有宣布开会，而是带领着大家赶到兰考火车站。

风雪中的兰考火车站，到处是衣衫褴褛、面黄肌瘦的灾民。他们成群结队，拖儿带女，在寒冬腊月里的大年前，挤上火车背井离乡去逃荒要饭。焦裕禄望着他们，禁不住流泪了，他动情地说："党把这个县 36 万群众交给我们，我们不能领导他们战胜灾荒，应该感到羞耻和痛心……"这次特殊的常委会，使县委一班人受到了一次最实际、最生动的思想教育。

在焦裕禄带动下，全县干部的思想得到很大的转变，一个"如何战胜灾荒，改变兰考面貌"的大讨论在全县迅速展开了。县委领导干部纷纷走出县委机关，到农村驻队蹲点。机关干部积极为抗灾自救战胜困难献计献策，纷纷要求下乡驻队。

在焦裕禄的带领下，兰考制定了治理三害的蓝图，在全县展开了大规模的追洪水、查风口、探流沙的调查研究工作。为了摸透全县自然情况，焦裕禄拖着患有慢性肝病的身体，顶风冒雨，下乡进村。许多同志担心他在风雨中奔波，会加剧病情的发展，劝他在家里听汇报，他说："吃别人嚼过的馍没味道。"一年多的时间里，焦裕禄跋涉 2500 多公里，跑遍了全县 140 多个大队中的 120 多个大队。

为带领全县人民开展封沙、治水、改地斗争，焦裕禄身先士卒，以身作则：风沙漫天时，他进风口，探流沙；大雨倾盆时，他跳激流，察水势；风雪肆虐时，他访贫困，问疾苦。他经常钻草庵、牛棚，与农民同吃同住同劳动；他经常推着自行车在乡下沙土地里艰难跋涉，渴了、饿了便就着河水啃干粮。为此，他还编了首至今流传的顺口溜："沿着河，背着馍，渴不着，饿不着。”下乡期间，焦裕禄吃住全在农家，每天上交一斤二两的粮票和四毛钱作为伙食费，碰到家里条件差的农户，焦裕禄还会另外多给钱。焦裕禄风雨里的身影让 36 万兰考人感到了温暖和力量，经过一年的艰苦奋战，兰考除“三害”工作取得了明显的成效。

焦裕禄善于观察问题、解决问题。他在调查走访中了解到泡桐不仅能防风治沙，还能发展经济，并且最适合在沙区栽种。在焦裕禄的倡导下，泡桐在兰考逐渐成林，兰考也因此探索出了一条平原沙区“农桐间作”的治理模式，形成了林茂粮丰的格局。如今，50 多年过去了，兰考人民仍然享受着泡桐的恩泽：兰考人民利用泡桐开展木材加工，生产乐器和高档家具，逐渐形成了产业化，目前全国民族乐器行业 90% 的音板取材都源于兰考的泡桐。

焦裕禄对群众满腔热情，始终保持着劳动人民的本色。他常说，共产党员应该在群众最困难的时候出现在群众的面前。1963 年 1 月的一个夜晚，兰考突降暴雪，大雪封门，天寒地冻。第二天天不亮焦裕禄就领着大家下乡走访。他来到梁孙庄梁俊才老大爷的家里。老大爷卧床不起，老大娘双目失明。老大爷问：“你是谁呀？大雪天来干啥？”焦裕禄同志说：“我是您的儿子，毛主席叫我来看望您老人家。”老大爷感动得热泪盈眶。双目失明的梁大娘用颤抖的双手上下抚摸着焦裕禄，连声说：“我多想看看共产党的好干部啊！”这天，焦裕禄顶风冒雪走访了 9 个村子，访问了几十户群众，忍着肝部疼痛，饿着肚子跑了几十里路，却没烤群众一把火，没喝群众一口水。

葡萄架村是兰考当时最偏远的一个村庄。1963 年春，村里一名叫张徐州的小孩患了重病，因无钱医治生命垂危。孩子的父亲忍痛说，干脆扔掉算了。孩子母亲心疼，抱着孩子在家门前哭。正在这时候，焦裕禄和县里几名干部到各公社了解受灾情况，正好看到这个情景。他摸摸孩子还有一点儿气，立即联系县医院给孩子看病，又送来了医药费。后来，捡回一条命的张徐州有了一个新的名字——张继焦。

焦裕禄始终保持艰苦朴素的作风，他用过的一条被子上有 42 个补丁，褥子上有 36 个补丁。焦裕禄严于律己，他长期有病，家里人口又多，生活比较困难，可是他坚决拒绝给他救济。有一次，他无意中听说儿子没有买票进剧院看戏，非常生气，当即把一家人叫来训了一顿，命令孩子立即把票钱如数送给剧院。后来，他又专门起草了一个“干部十不准”的文件，规定任何干部不准搞特殊化。

1964 年春天，正当兰考人民在同内涝、风沙、盐碱的斗争中胜利前进的时候，焦裕禄的肝病也越来越重了。他一再推迟住院治疗，也舍不得服用好药。他开会、作报告时，不断用左手按住疼痛的肝部。他坐的藤椅，因经常用硬东西顶肝部，被顶出一个大窟窿。可是当县里其他同志有了病，他却时时挂在心头，嘱咐他们回去休息、治疗，他关心同志，胜过关心自己。

1964 年 5 月 14 日，年仅 42 岁的焦裕禄被病魔夺去了生命。1964 年 11 月，中共河南省委号召全省干部向焦裕禄同志学习。1966 年 2 月，新华社播发长篇通讯《县委书记的榜样——焦裕禄》，焦裕禄的事迹从此感动中国，全国掀起了一个学习焦裕禄的热潮，焦裕禄成为各级干部特别是领导干部学习的榜样。

焦裕禄逝世后，人们在他的日记本上看到了这样一段话：“我想，作为一个革命战士，就要像松柏一样，无论在烈日炎炎的夏天，还是在冰天雪飘的严冬，永不凋谢，永不变色；还要像杨柳一样，栽在哪里活在哪里，根深叶茂，茁壮旺盛；要像泡桐那样，抓紧时间，迅速成长，尽快地为人民贡献出自己的力量。”这是焦裕禄短暂而伟大的一生最生动的写照。

2009 年 3 月 31 日至 4 月 3 日，时任国家副主席的习近平来河南视察，专程到兰考拜谒焦裕禄陵墓，致敬忠魂。视察中，习近平把焦裕禄精神概括为“亲民爱民、艰苦奋斗、科学求实、迎难而上、无私奉献”。习近平这样评价焦裕禄精神：“无论过去、现在还是将来，都永远是亿万人们心中一座永不磨灭的丰碑，永远是鼓舞我们艰苦奋斗、执政为民的强大思想动力，永远是激励我们求真务实、开拓进取的宝贵精神财富，永远不会过时。”

2014 年 3 月，中共中央总书记习近平再次来到河南兰考县，并把兰考作为他的群众路线教育实践活动联系点。习近平总书记有感于焦裕禄精神，重诵 1990 年 7 月 15 日在福州工作时所作的《念奴娇 · 追思焦裕禄》一词，深情表达了对焦裕禄的敬颂之情。

农村支部书记的榜样史来贺

史来贺，河南省新乡县七里营镇刘庄村原党支部书记。他在农村支部书记岗位上工作长达半个世纪，他和刘庄一直保持 50 多年“红旗不倒”，他与雷锋、焦裕禄、王进喜、钱学森并列，被中共中央组织部誉为在群众中享有崇高威望的共产党员的优秀代表。

刘庄地处黄河故道，新中国成立前是十里八乡有名的穷村庄。1952 年 12 月，22 岁的全国民兵英雄史来贺当上刘庄村党支部书记，挑起了带领全村人治穷致富的重担。

史来贺首先要解决的是群众的温饱问题。他发动全村男女老少齐上阵，用了 10 多年时间建起了旱涝保收的丰产田。棉花是当时的主要经济作物，为了夺取棉花高产，史来贺在棉花试验田里一住就是 8 年，培育出棉花优良品种刘庄 3 号，使刘庄千亩棉田平均亩产皮棉 111 斤，史来贺因此受到了周恩来总理的接见，被授予“全国植棉能手”称号。

史来贺并不满足于土里刨食。随后，刘庄由 3 头小奶牛起家，兴办起拥有上千头牲畜的大畜牧场；由三个半人的铁木业组，发展成为拥有几十台机床的机械厂。机械厂生产的小喇叭曾响遍全国各地，小型奶粉机销往全国 20 多个省区市。接着，史来贺带领刘庄人又陆续建起了食品厂、造纸厂、淀粉厂等，这些村办企业为集体积累了越来越多的财富。

十一届三中全会以后，只读过一年半私塾的史来贺，带领一帮“泥腿子”向高科技进军，建起了全国最大的生产肌苷的华星药厂。华星药厂经过不断扩建发展，如今已是全国最大的青霉素原料药品生产基地之一，产品打入了国际市场，为刘庄村带来源源不断的效益。

随着村集体经济的壮大，刘庄村逐渐崛起，在河南率先实现小康，成为“中原首富村”，史来贺带领刘庄人实现了共同富裕。

2003 年 4 月，史来贺因病去世，他用 50 个春秋为刘庄捧出了 2002 年最后一本账：355 户人的刘庄，固定资产近 10 亿元，总产值 8.8 亿元，上缴税金 4500 万元，人均实际分配 1 万元，户均存款 20 万元。村民享受 20 多项公共福利，上学、看病、养老费用由集体承担，并在兴建别墅新村。农业实现机械化、水利化，粮食亩产稳居千斤以上。除 19 名劳力在农场经营 1050 亩耕地外，其余劳力从事第二、三产业。全村初步实现了农村工业化、农业现代化、经济市场化、农民知识化、生活城市化。

从 1952 年到离世，史来贺在刘庄村党支部书记的位置上一待就是半个世纪。他将昔日“方圆十里乡，最穷数刘庄”的“长工村”建设成为享誉全国的社会主义新农村，成为中国大地上的一面红色旗帜。这是史来贺为刘庄、为中原大地创造的奇迹，但史来贺留给刘庄、留给中原大地的不仅仅是这些。

刘庄的一草一木，一砖一石，都凝聚着史来贺的心血和汗水。搞农业，他与群众一道起早贪黑，心往一处想，汗往一处流；建新村，他既是指挥员，又是战斗员，同群众一样参加劳动，累倒在工地上；办企业，他与技术人员一起进行市场调查、组织论证，搞试验，攻难关，为企业发展呕心沥血，日夜操劳。他的老父亲临终时，他正带领着大伙儿在大雨中排涝；他的老母亲辞世时，他正守在造纸厂烘缸旁指挥试车。

史来贺心系群众，时刻关心着全村群众的疾苦。他多年养成习惯，每夜入睡前，都要对全村 300 多户“过电影”，全村谁家日子不能过了，他都过去拉一把，他对特别困难户格外重视，就在去世前，他还嘱托村干部去看望一位残疾人。

史来贺清正廉洁，从不计较个人的名利得失。1965 年，他开始拿国家干部工资。起初工资比劳力工分收入高，他一连 12 年向村里交工资，按劳力平均水平拿工分。1977 年起，劳力收入远远超过他的工资，他又退出工分拿工资。村里第一代新村建了 6 年，分期分批入住，史家是最后一批搬进去的。村里创办华星药厂第二分厂时，为了消除群众顾虑，他亲自签名签订了一份特殊的合同：以由他个人向集体贷款、向群众借款的方式筹集资金办厂，赢利之后工厂及全部收入归集体所有，如果办砸了，损失全部由个人承担。工厂当年产销两旺，史来贺郑重地把工厂交到集体。他与家人约法三章：一不比群众特殊，二不占集体便宜，三不收礼送礼。几十年来老伴没乘过他的车，5 个孩子也要“夹着尾巴做人”……

作为 20 世纪 50 年代就闻名全国的劳动模范，史来贺多次面临能够改变命运的选择，但他多次婉言谢绝，实在推脱不了只好“兼职”，但有一个前提是不离开刘庄。他说：“我是农业劳模，离开土地还算啥劳模？”机遇一次次选择了史来贺，而史来贺却一次次选择了刘庄。

从 20 世纪 50 年代到 21 世纪初的 50 年间风云变幻，历经浮夸风、“共产风”、“大跃进”等特殊年代，史来贺没有随波逐流，而是从实际需要和实际情况出发区别对待，使刘庄未受其害。特别是十一届三中全会后，实行家庭联产承包责任制分田到户，他仔细研究中央文件，毅然坚持“不分”。正是在重大关头有主见，有风骨，实事求是，与时俱进，刘庄这面红旗才迎风不倒，永远飘扬。

晚年的史来贺，更审慎，更明达，特别注重民主，村里大事都交群众大会讨论。对接班人问题，他的态度更鲜明：集体选举。史来贺去世 20 天后，刘庄全体党员大会上，不提候选人，直选新一届村党委书记。一直负责华星药厂生产管理的史来贺的大儿子史世领以全票当选。

在新书记史世领带领下，刘庄又经历了新的 10 年发展期。目前刘庄已成为国内最大的肌苷和抗生素、维生素、氨基酸原料药生产基地之一，产品出口印度、日本、美国等几十个国家和地区，出口总量在全国同类产品中名列前茅。刘庄现已形成了以农业为基础，以高科技产业为先导，配套发展的循环经济的新格局。2013 年，刘庄年人均可支配收入达 3.4 万元，村民除了年薪和奖金，50 多项公共福利几乎覆盖了整个生活。尤其史来贺临终前特别挂记的刘庄第三代现代化、智能化、花园式的别墅群，每户 472 平方米，人均 120 平方米，村民全部免费入住。

史来贺在生前被外界誉为“活着的焦裕禄”，在他 50 年村支书生涯中，曾 16 次进京参加国庆观礼，9 次受到毛泽东的接见，多次受到邓小平、江泽民、胡锦涛等党和国家领导人的接见。他曾当选中共十三大、十四大、十五大、十六大代表，当选第三、五、六、七、八、九、十届全国人大代表，第五、六、七、八届全国人大常委会委员。他曾多次被评为全国优秀共产党员、全国优秀领导干部、全国劳动模范、全国有重大贡献专家、全国科技先进工作者等。

大地无言，丰碑不朽。史来贺，共产党人的这面鲜艳旗帜，将会永远飘扬在神州大地。

人民艺术家常香玉

2004 年 7 月 7 日，国务院追授已故豫剧大师常香玉“人民艺术家”荣誉称号，并号召全国广大艺术工作者向常香玉同志学习。这是新中国成立以来国务院授予的全国第一位“人民艺术家”。

常香玉 1923 年出生在河南巩县一个贫苦家庭。她 9 岁起随父学艺，10 岁登台，13 岁以豫剧《西厢》名满开封。在此后的几十年里，常香玉把对艺术永无止境的追求当作自己生命的全部。她博采众长，融会贯通，创立了独树一帜的常派艺术。她先后在《花木兰》《白蛇传》《拷红》《破洪州》《五世请缨》《朝阳沟》等剧中，成功地塑造了一系列生动感人的艺术形象。她的声音不仅响遍黄河两岸、大江南北，还走出国门，深受广大人民群众的喜爱。在中原农村，每遇到常香玉演出，观众围得水泄不通，散场后广场上被挤掉的鞋子足足有几箩筐。老乡们中间曾经广泛流行一句口头禅：“看了常香玉的戏，一辈子不生气。”

常香玉提出“戏比天大”的诺言，将毕生精力贡献给了我国民族戏曲事业。她常说：“老百姓是我们的衣食父母”“不能糊弄观众”。为了给群众唱好戏，她坚持每天练功，即使是“文化大革命”期间被打成“戏霸”也从不间断。在朝鲜战场演出时，她为因站岗放哨而不能看戏的小战士单独演唱。有一次在陕西某县演出结束后，一位捡垃圾的老人拦住她，提出想亲耳听她唱两句，常香玉当场就停下来为她清唱了一段《红娘》。2003 年 12 月，身患癌症的常香玉在北京住院期间，得知奥运场馆建设工地上有一场专门慰问河南农民工的演出，她拔掉输液管，在家人的搀扶下登上舞台，为工人们清唱了一段《柳河湾》，成为她一生舞台生涯的绝唱。

常香玉爱国爱民，是一位德艺双馨的艺术家。新中国成立前，她在西安唱戏，搭粥棚赈济灾民，当时老百姓就有“两个省主席，不顶一个常香玉”的说法。1948 年她成立香玉剧社，收容难民子女，招收孤儿，并将他们培养成为艺术家。1950 年 10 月，抗美援朝战争爆发，中国人民志愿军入朝作战。为支援志愿军，1951 年夏天，她和丈夫在时任西北局书记习仲勋的支持下，以香玉剧社的名义，半年时间里行程上万里，在全国巡回义演 180 多场，用义演收入为志愿军捐献了一架“香玉剧社号”战斗机。常香玉捐飞机的事迹被媒体报道后，迅速传遍大江南北，全国掀起捐钱捐物的热潮。

在“香玉剧社号”战斗机飞赴朝鲜战场的时候，她和丈夫决定一同赴朝鲜进行慰问演出。在朝鲜战场，他们冒着战火硝烟慰问志愿军，在 175 天中演出了 180 场。

不仅如此，每当国家需要的时候，她总是出现在第一线。在新疆，她 140 天中访哨所、穿戈壁，辗转 15000 多公里，将党和国家的问候送遍天山南北。在东北，她下油田慰问参加大庆油田会战的石油工人，到大兴安岭慰问灭火官兵。在江南，她顶风冒雨，慰问参加长江抗洪的解放军战士。另外，在接济困难大学生，迎接香港、澳门回归等活动上，总能听到她那熟悉的唱声。

为支持豫剧事业，1987 年常香玉自筹资金 22 万元设立“香玉杯艺术奖”，培养河南地方戏人才。1998 年，75 岁高龄的常香玉携弟子登台义演，将票房所得 6 万元全部捐赠给河南省送温暖工程基金。2003 年非典时期，常香玉从自己微薄的工资中拿出 1 万元，捐赠给非典的防控工作。几十年来，常香玉捐款捐物不计其数，而她的生活却十分简朴，在简陋的白粉墙、水泥地的小平房一直住了 17 年。

2004 年 6 月 1 日，德艺双馨的豫剧表演艺术家常香玉永远离开了梨园艺坛。“一生义举动天地，谁说女子不如男”“德艺双馨戏剧之魂，爱国济民精彩人生”……一副副挽联，恰如其分地概括了常香玉传奇而又精彩的艺术人生。

人民的好卫士任长霞

2004 年 4 月 17 日上午，登封市公安局长任长霞的追悼会在登封市人民医院举行。整个登封市区，万人空巷，14 万登封各界群众自发赶来，排成上千米的长队，送别他们的好局长。他们当中有干部、工人、学生，但更多的是和任长霞素未谋面、从几十公里外赶来的登封各乡镇群众。

任长霞 1964 年 2 月 8 日出生在郑州一个工人家庭。1983 年 10 月从河南省人民警察学校毕业后分配到郑州市公安局中原分局工作，先后任预审科民警、预审科副科长、法制室主任。1996 年 10 月后任郑州市公安局法制室副主任、技侦支队支队长。2001 年 4 月任登封市公安局党委书记、局长，成为河南省公安系统有史以来第一位女公安局长。

登封是千年古刹嵩山少林寺所在地，既是有着上百家武术学校、流动人口达百万以上的武术之乡，也是以煤炭、铝矾土等矿藏资源为主的资源型城市，社会治安形势复杂而严峻，治安排名在河南全省各区县一直垫底。登封市公安局在全市 30 多个职能部门行风评议中，多年列倒数第一。37 岁的任长霞面临着警察生涯中最大的一次考验。

上任后不久，还没有熟悉完登封市的治安情况，一封按满血手印的举报信便送到任长霞案头：登封王松团伙盘踞白沙湖，横行乡里，草菅人命，民怨极大。任长霞在震惊之余，又感到严峻的挑战。

经过仔细的调查任长霞了解到，王松团伙涉及 100 多起伤害案，其中有 7 条命案。该团伙背景复杂，关系网密集，公安局虽然也开展过多次打击，但王松等主要头目毫发无损，仍逍遥法外。任长霞决定从王松黑社会团伙犯罪案“开刀”，打一场“大案、命案攻坚战”。

任长霞成立专案组，亲任组长，制订了严格保密的抓捕计划。但是，神通广大的王松还是嗅到了风声。胆大妄为的他通过熟人牵线搭桥，居然想亲自拜访任长霞，企图以重金收买任长霞。胸有成竹的任长霞决定来个“请君入瓮”，假意同意见面。

当王松带着巨款大摇大摆走进任长霞的办公室时，任长霞不费吹灰之力，生擒了王松。随后，王松团伙的其他60多名帮凶及打手皆被捉拿归案。

白沙湖畔的百姓们欢欣鼓舞，他们敲锣打鼓、点燃鞭炮来到登封市公安局，感谢初来乍到、为民除害的女公安局长。

首战告捷，任长霞又把“利剑”指向横行于登封西乡一带的“砍刀帮”。这是带有黑社会性质的特大犯罪团伙，危害不亚于王松团伙。经过缜密计划，该团伙也很快覆灭，36名骨干分子被依法逮捕。

任长霞带领登封公安局的全体干警，再接再厉，趁势打响了一场场攻坚战：“5 · 18”特大盗枪案、“5 · 28”石道杀人案、“6 · 9”强奸轮奸女教师案、“7 · 2”唐庄杀妻杀子案等一系列大要案纷纷告破。不到一年时间，登封的社会治安形势得到较大改观，人们对这个看似柔弱的女局长刮目相看，登封市的干警“出门都觉得警徽亮闪闪的”。

但是，任长霞明白，要根本改变登封治安面貌，必须有一支高素质的警察队伍。任长霞上任后，在大案侦破期间，见缝插针跑遍了17个街道、乡、镇的派出所和附近乡村，和民警谈心，与群众聊天，最后制定出严格的公安队伍整顿方案。她顶着压力，开除和辞退了15名长期旷工、迟到以及参与违法违纪行为的民警。她直接抓“警风暗访”行动，经常不打招呼前去查岗。她顶住“说情”“送礼”之风，在登封市公安局进行了一场前所未有的机制改革，全局民警实行竞争上岗。

为了真正实现执警为民，任长霞到任后，扩大了公安局控申接待科的规模，又把每周六定为局长接待日，诚心倾听群众呼声。据统计，该科 2001 年接访 3683 人次，2002 年接访 3155 人次，到 2003 年这个数字降到 1113 人次，上百起积案得到清理，400 多户老上访户停访息诉。

任长霞上任仅一年，登封市公安局不仅发案全部告破，还破了大批积案，群众上访大量减少，百姓给她立起了“功德碑”，“任青天”“女包公”的赞誉在登封传颂。登封市公安局也在执法部门综合考核中从倒数第一一跃为正数第五。

对犯罪分子，任长霞是铁石心肠，毫不手软；对普通群众，任长霞是侠骨柔肠，心怀慈爱。在登封，几乎所有人都知道任长霞的办公室电话和手机号码，只要有困难，随时都可以给她打电话。

在处理登封一煤矿特大瓦斯爆炸事故时，任长霞看到年仅 8 岁的刘春雨成了一名孤儿，便收养了小春雨，承担起小春雨全部的生活、学习费用。同时，任长霞还向全局民警发出倡议，开展了百名民警救助百名贫困学生活动，全市有 126 名贫困家庭的失学儿童得到救助，重回课堂。任长霞还多方筹资，为登封最西部山坳里的王堂村修柏油路，给岌岌可危的崔疙瘩村小学建新校舍……

在任长霞的带领下，3 年来登封市公安局帮助困难户达 70 余户，受益群众达 300 余人，出台便民利民措施达 60 多项，上门办证、办牌不计其数，好人好事千余起，警民关系进一步改善，登封市公安局也荣获“河南省人民满意的政法单位”称号。

2004 年 4 月 14 日，任长霞在侦破某案件从郑州返回登封途中，突遇车祸，因伤势过重不幸殉职，年仅 40 岁。

任长霞自参加公安工作以来，特别是在登封担任公安局长期间，忠实履行人民警察的神圣职责，在平凡的岗位上做出了不平凡的业绩，先后荣获“全国‘五一’劳动奖章”“中国十大女杰”“全国三八红旗手”“全国青年岗位能手”“全国优秀人民警察”等荣誉称号。2004年6月，任长霞被公安部追授“全国公安系统一级英雄模范”称号。2004年12月，任长霞被评为“感动中国”十大年度人物。

大山呜咽，落霞满天。任长霞以自己宝贵的生命，精彩而生动地诠释着“人民卫士”这一崇高而伟大的称号，她的名字将永远镌刻在巍然高耸的嵩山上。

乡镇党委书记的榜样吴金印

头顶旧单帽，身着中式衣，脚穿布底鞋，数十年不变的装束，和蔼的笑容，朴实的话语，从健壮小伙到古稀老人，他数十年扎根农村基层，带领群众治穷致富，将一生奉献给了他挚爱的土地。他就是“乡镇党委书记的榜样”、“全国百名人民好公仆”、“焦裕禄式好干部”、新乡市人大常委会副主任、卫辉市唐庄镇党委书记吴金印。

吴金印 1942 年出生于河南卫辉一个贫苦农民家里，18 岁加入中国共产党，先后干过大队会计、大队长、大队支书、公社团委书记。1969 年，27 岁的吴金印担任卫辉市狮豹头公社党政一把手。狮豹头地处太行山深处，山高沟深，资源贫乏，交通闭塞，当地 90% 的群众吃粮靠统销、花钱靠救济，是全县最穷最苦的地方。

上任后的第一天，吴金印就背起铺盖住到最穷的农户家。看到群众的贫困生活，吴金印暗下决心，不改变群众落后面貌，决不下山。他背上干粮，平均一天翻 5 座山，7 天穿烂一双鞋，跑遍了 2000 多道沟岭。他带领群众打通了 6 个山洞，筑起 85 道大坝，建造水库、蓄水池 25 座，修水渠总长 3.8 万米，架桥梁 8 座，修筑山区公路 20 公里，植树 20 万株，造出良田 2400 亩。吴金印在狮豹头工作 15 年，有 7 年住在农户家里，8 年住在造田治水工地，他的辛劳终于使昔日一穷二白的穷山沟结出金灿灿的果实。

1987 年 11 月，吴金印调到唐庄乡担任党委书记。上任之后的第一件事，就是带领乡里全体机关干部到太行山深处上了一堂特殊的党课：看望曾任辉县县委书记、后担任省部级领导、退休后组织老干部服务队在太行山里为群众服务的“辉县人民的好书记”郑永和。告别郑永和后，吴金印没有马上回到机关，而是把车开到唐庄北部的大司马村继续开会。在会上，吴金印结合老书记郑永和的事迹告诫大家：“老百姓养鸡为下蛋，养狗为看门，养我们干部为啥？如果我们不为老百姓办事，连鸡狗都不如。”这句话以后成了他的口头禅，也成为唐庄乡干部们的座右铭。

上任伊始，吴金印经常骑着自行车下乡调查走访，经过调研，吴金印因地制宜地制定出了“西抓石头东抓菜，北抓林果南抓粮，乡镇企业挑大梁，沿着国道做文章”的发展策略。唐庄西北部的后沟村，靠山临沟，山荒石头多。吴金印听取群众意见，鼓励发展石头经济，村民每建一个石碴厂，乡里奖励一台价值 4 万多元的碎石机。沉寂的荒山一下子沸腾了起来，短时间内建起近百个石碴厂，村民迅速富裕起来，家家建楼房，户户有存款。有一年大旱，吴金印到唐庄北部的丘陵地区检查旱情，他发现别的庄稼旱旱得卷了叶，可附近的山楂树却枝繁叶茂，一片浓绿。据此，他提出了在北部丘陵地区发展林果业的思路。几年之后，这里建成了万亩林果基地，搞了个中国唐庄桃花节，每年春天吸引着 10 多万名游客，承包果园的农户有了私家车，住上了别墅。

吴金印深知无工不富的道理，所以多年来他始终把发展工业作为带领群众奔富路的重要途径，但在发展的同时，他也非常注重科学发展。唐庄乡发展石头经济，建起 100 多家石碴厂、一家上规模的水泥厂和一批石灰窑，虽然使西部山区群众迅速致富，但造成的环境污染给周边群众的生产和生活带来不良影响。吴金印听从群众意见，毅然决定将 8 家规模较大、环保达标的石头加工企业迁往深山区，其余的石碴厂、砖窑、石灰窑全部拆除。

10 多年来，唐庄镇先后投资 5 亿多元，建起了面积达 10 平方公里的产业集聚区，修筑了五纵五横10条高标准公路，铺设供水管网6.5万米，排水管网6万米，建设110千伏变电站2座、小型变电站10多座，建设日供水1万吨的水厂2个、日处理2万吨污水的污水处理厂1座，实现了路、水、电、气、通信、绿化、美化等“七通一平”，吸引了世界500强企业百威英博啤酒集团、宝钢集团、北新建材集团等在内的大小企业30多家，总投资达50多亿元，初步形成了粮食深加工、矿产资源开发和产品包装服务等三个产业链条。2013年，唐庄镇工业总产值41亿元，一般预算收入12285.7万元，农民人均纯收入11300元。

让逐渐富裕起来的群众过上像城里人一样的小康生活，是吴金印新的梦想。早在20世纪90年代初，一些率先富裕起来的村民争先恐后地拆旧房盖新房，缺少统一规划，既浪费金钱，又浪费土地。吴金印常说：“普天下啥最珍贵？土地最珍贵。土地是农民的‘铁饭碗’，一定要为子孙后代留下足够的土地。”群众生活需要土地，村民建房需要土地，镇里发展工业需要土地，吴金印长期积累起来的填荒造田经验派上了用场。

唐庄镇荒沟多，从20世纪90年代初，他就带领唐庄镇机关干部，组织起上万人的造田大军，在杂草丛生的荒沟里安营扎寨。几十年来，唐庄的造地工程一直没有停止，造地指挥部一直设在山上，吴金印经常到工地与工地人员同吃同住同劳动。几十年来，唐庄的造地投入，从最开始的每年几十万元，到后来的几百万元，再到如今每年投入3000多万元，唐庄也先后造出1.5万亩土地，为唐庄的发展开辟了广阔空间。

对于造地，吴金印有一本“只赚不赔”的造地账：“建设小城镇，首先要有地；有了地，就能发展产业；有了产业，人才会有事干，有钱挣；农民才能搬得出，稳得住，能致富。”“只赚不赔”的造地账，在新型城镇化的背景下，显得尤为重要。在这种思路下，吴金印带领镇领导班子，通过和群众商量，请专家“会诊”，先是搞新村规划，建成了一批别墅式农民新居，后又按高标准进行村庄综合整治，如今又建设功能齐全的新型农村社区。目前，唐庄镇85%的农户住进了现代化的别墅新居，过上了城里人的生活。

如今，全镇已经实现土地利用总体规划、产业集聚区规划、城镇规划、新型农村社区规划“四规合一”，形成万亩工业园、万亩粮食园、万亩林果园、万亩蔬菜园、万亩生态园“五大园区”。

人人都说吴金印工作上的办法多、点子多，他说，我有多大能耐啊，很多办法和点子都是从群众那里得来的。他经常说的一句话就是：“群众最有智慧，群众最有办法，群众是最好的老师，工作上遇到什么困难，跟群众一商量，办法就有了。”

群众是力量源泉，群众是明亮的镜子。为了不脱离群众，吴金印和唐庄镇干部一起立下了“四不”“四同”的规矩。“四不”，就是身不懒，积极参加劳动；嘴不馋，到村进厂不喝酒、不吃请；耳不聋，倾听群众意见；手不长，不拿群众东西。“四同”，即与群众同吃同住同劳动，有事同群众商量。同住：要求机关干部除值班人员，一律深入到基层，驻村要求住到军烈属、五保户、残疾人、困难户家，管工业的住工厂，管项目的住工地。同吃：在群众家吃饭，群众吃啥干部就吃啥，不搞特殊。同劳动：每人自备一套劳动工具，与群众同劳动。同商量：重大事情、重大开支都要由集体商量决定，或者由村民共同决定，依靠群众智慧和力量解决问题。唐庄镇党委还规定，每个镇干部要交10户农民朋友，其中必须有三分之二的穷朋友。从狮豹头到唐庄镇，吴金印始终把百姓当成自己的亲人。在狮豹头，吴金印像亲生儿子一样，为烈属宋大娘担水、烧水、做饭、买药煎药；在唐庄镇，吴金印给五保老人挑水、喂药、洗衣服，为老人修脚、端便盆，给残疾人送手摇三轮车……在许多群众眼里，他是党委书记，更是他们的朋友和亲人。

吴金印经常对干部们说：“世界上没有无缘无故的爱。想叫群众真心拥护咱共产党，就得实实在在为老百姓办好事。在基层，老百姓就是从咱们的举动中去认识共产党的宗旨。咱们为群众办好事，就是维护党的形象。”

百姓心中有杆秤。吴金印做的事情他们看在眼里，记在心中。出于对吴金印由衷的感激和爱戴，乡亲们多次要为他立碑，都被他拒绝。一次，唐庄的老百姓趁吴金印外出考察的机会，在吴金印曾经奋战15年的西山峭壁上，刻上了“吴公山”3个大字。吴金印回来得知后很生气，立刻请人重新刻字，改作了“唐公山”，即唐庄人民公有的大山。

大山做证，吴金印参加工作几十年，多次主动放弃组织上调的机会，扎根农村基层，心系农民，将自己一生都奉献给了他挚爱的土地；大山做证，吴金印用自己的忠诚、真情、青春和热血，在太行山上为群众树立起一座巍峨的丰碑。

红色圣地
红色中原

时代记忆

郑州二七纪念堂、二七纪念塔

郑州二七纪念堂位于郑州市钱塘路中段82号，是为纪念京汉铁路总工会成立及京汉铁路全线总罢工而建。

1923年2月1日，京汉铁路各站工人在郑州普乐园（今二七纪念堂）成立京汉铁路总工会。由于遭到封建军阀的阻挠和破坏，大会决定在2月4日举行全线总罢工。2月7日，军阀吴佩孚、萧耀南在帝国主义的指使下，对郑州、江岸、长辛店的罢工工人进行了残酷镇压。全线工人同仇敌忾，不怕牺牲，同反动派进行了英勇顽强的斗争。在这场斗争中，共产党员、工人领袖林祥谦、施洋以及高斌等40多人被杀害，300多人负伤，激起了全国工人大罢工的革命怒潮，这就是有名的“二七大罢工”。

为缅怀先烈，继承和发扬京汉铁路工人的革命斗争精神，1951年，郑州市人民政府对京汉铁路总工会召开成立大会的普乐园会场旧址进行复建，即为今二七纪念堂。二七纪念堂占地面积6400余平方米，建筑面积9800余平方米，是一座砖木结构的现代纪念建筑。建筑分主楼和南北配楼，均为二层。主楼为一所能容纳1500多人的会议厅，正面高14米，宽27米，深57米，青砖垒砌，屋面红瓦覆盖，正中上方为堂徽，下面是二七罢工铸铁浮雕。南楼为二七史迹陈列馆，建筑面积435平方米。北楼为活动楼，每年二七纪念日省会各界会在这里举行聚会，缅怀革命先烈，继承和发扬二七革命斗争精神。二七纪念堂1986年被河南省人民政府公布为河南省文物保护单位，2004 年 8 月被国务院列入全国百家红色旅游景区之一，2006 年公布为全国重点文物保护单位。

郑州二七纪念塔位于郑州市二七广场，是为纪念二七工人大罢工而建。二七纪念塔最初是 1951 年建设的一座 15 米高的木制纪念塔，1971 年 9 月改修成塔式。二七纪念塔为双身并联式塔身，全塔高 63 米，共 14 层，其中塔基座为 3 层，塔身为 11 层，钢筋混凝土结构。塔式新颖独特，雄伟壮观，具有中国民族建筑的特点，每层顶角为仿古挑角飞檐，绿色琉璃瓦覆顶。塔顶建有钟楼，六面直径 2.7 米的大钟，整点报时演奏《东方红》乐曲，钟声悠扬悦耳，绵延数公里。钟楼上高矗一枚红五星。塔内陈列有二七大罢工的各种历史文物、图片、文字资料。二七纪念塔为全国重点文物保护单位、全国爱国主义教育基地。

巩义市豫西抗日根据地纪念馆

豫西抗日根据地纪念馆位于巩义市新中镇柏茂庄园内，是河南省唯一全面反映豫西抗日战争历史的专题纪念馆。

抗日战争时期，豫西抗日根据地是中国共产党在全国沦陷区建立的19块较大的抗日根据地之一，为全国抗日战争的胜利作出了重要贡献。当时，柏茂庄园是豫西八路军一支队司令部和豫西行政专员公署所在地。

纪念馆以巩义三大庄园之一的柏茂庄园1、2号院为馆舍，建筑面积约5000平方米，现有展室50余间。其中窑洞20余孔，楼房20余间，展览面积约1500平方米。纪念馆整个展厅分为“国恨·山河破碎”“国魂·砥柱中流”“国歌·血洒豫西”“国祭·名垂青史”四部分。馆内共布展历史照片近500张、文物200多件，原景再现展室2个，通过大量照片、文物、绘画和文字，揭露了侵华日军的滔天罪行，再现了豫西抗日根据地军民同仇敌忾、浴血奋战的恢宏历史画卷。

豫西抗日根据地纪念馆是河南省国防教育基地、河南省爱国主义教育基地，2006年被公布为河南省文物保护单位。

兰考县焦裕禄烈士陵园

焦裕禄烈士陵园坐落在河南省兰考县城北黄河故道的沙丘上，是为了纪念县委书记的榜样——焦裕禄同志而建。

焦裕禄烈士陵园占地 5 万平方米左右，由纪念碑、墓区和纪念馆组成。进园之后，首先映入眼帘的是接近 20 米高的革命烈士纪念碑，碑正面镌刻着毛泽东主席手书“革命烈士永垂不朽”8 个金色大字。沿纪念碑右行即是焦裕禄烈士墓，墓前立碑，记载了焦裕禄的生平事迹。墓区是 16 平方米的平台，墓北面为高 7 米的屏风墙，上面镶有毛泽东主席题写的“为人民而死，虽死犹荣”的金字。墓区和广场周围广植松柏花草，外面是泡桐林。2003 年 4 月，焦裕禄烈士墓被国务院增补为国家重点文物保护单位。离墓区不远，就是 1994 年建成的焦裕禄纪念馆。纪念馆由序厅、展厅、放映厅等组成。展厅内收藏有焦裕禄遗物 89 件、照片 200 余幅，展示内容分四部分：青少年时代、在工业战线上、县委书记的榜样、人民呼唤焦裕禄。其中第三部分是重点，又分为 8 个单元。纪念馆通过大量珍贵的资料生动地展现了焦裕禄鞠躬尽瘁，死而后已的高贵品质。

焦裕禄烈士陵园自兴建以来，一直受到党和国家领导人的关怀和重视。江泽民同志亲笔题词“向焦裕禄同志学习，全心全意为人民服务”，并为焦裕禄纪念馆题写了馆名。胡锦涛同志亲临焦裕禄烈士陵园参加焦裕禄同志纪念馆新馆落成和焦裕禄铜像揭幕仪式，号召全党、全国人民进一步学习和弘扬焦裕禄精神。习近平总书记曾两次参观焦裕禄烈士陵园，并把兰考作为他在第二批群众路线教育实践活动中的联系点。2014年3月，习近平总书记在参观焦裕禄纪念馆时说，焦裕禄精神同井冈山精神、延安精神、雷锋精神等革命传统和伟大精神一样，过去是、现在是、将来仍然是我们党的宝贵精神财富，我们要永远向他学习。

焦裕禄烈士陵园已成为全国各族人民学习焦裕禄精神、接受爱国主义教育的红色圣地。中宣部、国家六部委先后将焦裕禄烈士陵园命名为全国中小学生德育教育基地、全国爱国主义教育示范基地。焦裕禄烈士陵园也是全国红色旅游经典景区之一。

八路军驻洛办事处纪念馆

八路军驻洛办事处纪念馆位于洛阳市老城区南关贴廓巷，是为了纪念八路军驻洛阳办事处而以其旧址为依托成立的一座革命纪念馆，也是洛阳市目前唯一的一处对外开放的革命旧址纪念馆。

七七事变爆发后，日本帝国主义发动了全面侵华战争。在中国共产党的倡议下，国共两党实行第二次合作，建立了广泛的抗日民族统一战线。为了巩固统一战线的成果，经与国民党政府协商，我党在全国设立了 8 个办事处，其中在国民党第一战区长官部所在地洛阳建立了八路军驻洛办事处，简称“洛八办”。

1938 年 10 月，洛八办负责人刘向三率 50 余人从延安赴洛阳。国民党第一战区司令长官程潜怕在洛阳设办事处对他不利，不同意设办事处，经刘向三反复力争，程潜勉强同意在洛阳设立通讯处。1940 年 5 月，通讯处正式改名为办事处。

八路军驻洛办事处的主要工作任务是开展统战工作，掩护地下党的活动，动员民众投身抗日救亡运动，为我党我军输送干部、青年及转运物资。办事处设有接待科、秘书科、机要科、电台室、救亡室、医务室、经委派、炊事班等，工作人员最多时达到 100 余人。洛八办成为连接延安、华北、华中抗日根据地的重要纽带。毛泽东为洛八办的筹建给予很多指示，刘少奇、朱德、彭德怀、徐海东、彭雪枫等都亲临洛八办指导工作。当年，许多热血青年追寻共产党走进了抗日队伍，其中通过洛八办介绍远赴延安和其他根据地的就有 1400 多人。八路军驻洛办事处为抗日战争的胜利作出了杰出的贡献。

八路军驻洛办事处纪念馆坐落在坐南朝北并肩而立的三所清代民居院落内，占地面积 4200 多平方米，拥有房屋 150 多间。纪念馆的基本陈列分为综合陈列和旧址复原陈列两部分。综合陈列以文字、图表、照片、文物等结合的形式，系统地介绍了八路军办事处的建立、工作和撤退情况，阐述了八路军驻洛办事处在抗日战争胜利过程中发挥的重要作用及作出的突出贡献。旧址复原陈列有刘少奇住室、电台室、处长室、豫西省委会议室、警卫排住室等。纪念馆现有革命文物 85 件（套）及部分照片、书籍等。在纪念馆的基本陈列和复原陈列中，一张张泛黄的照片、一件件历史文物记述了洛八办的工作。刘少奇冬夜撰写的政治名著《论共产党员的修养》、朱总司令为洛八办同志作抗战形势报告等场景都在这里得以呈现。

八路军驻洛办事处纪念馆现为全国重点文物保护单位、河南省优秀爱国主义教育基地。

鲁山县豫西革命纪念馆

豫西革命纪念馆位于鲁山县城县委大院内，是一座外部结构雄伟、内部精巧、美观大方、具有西欧建筑风格的牧师楼。

1948 年 4 月至 10 月，中原局领导人邓小平等同志曾在此居住、办公，并多次在鲁山县召开会议，运筹帷幄中原解放战争的重大决策。1948 年 4 月 25 日，邓小平曾在此楼房西南的福音堂（当年的基督教堂）召开了豫陕鄂前委和后委联席会议，并作了《跃进中原的胜利形势与今后的政策策略》的报告（简称“邓小平鲁山报告”）。邓小平的这一报告，1988 年收入《邓小平文选》第一卷，引起了理论界的广泛关注，基本形成了邓小平早期市场经济理论在鲁山萌芽的论断。

纪念馆总面积 1200 平方米，展厅面积 320 平方米，展出了邓小平同志在鲁山，红二十五军长征途经鲁山，鲁山县早期革命，抗日战争、解放战争时期鲁山的革命活动和鲁山发展新面貌等图片、文字资料、实物 1400 多件（幅）。展厅内制作有鲁山县地形地貌大型沙盘，设置有电视等现代化展示媒体。

自 2004 年 8 月开馆以来，已累计接待参观学习者 120 多万人次。豫西革命纪念馆 2005 年被确定为河南省首批重点建设的 26 个红色旅游经典景点之一，2006 年 8 月被河南省政府批准为第四批文物保护单位，2013 年 3 月被国务院公布为第七批全国重点文物保护单位。

安阳马氏庄园刘邓大军指挥部旧址

马氏庄园位于安阳市西部20公里的西蒋村，是清末头品顶戴、广西广东巡抚马丕瑶的府第，辛亥革命女杰马青霞的故居。整个庄园布局严谨，错落有致，气势宏伟壮观，被学者称为“中州大地绝无仅有的封建官僚府第建筑标本”“中原第一官宅”。

1947年5月，刘伯承、邓小平率领野战军主力组成晋冀鲁豫南征野战军，向外线出击，挺进中原。刘伯承、邓小平执行中央指示，5月25日下达了进攻安阳城的命令。到达安阳后，刘邓二人下榻于马氏庄园一处院落的东西厢房内，并在此设立了指挥部，6月22日，在指挥部召开了著名的鲁西南作战会议，发起鲁西南战役，揭开了人民解放军战略进攻的序幕。

马氏庄园西院内完整地保存了这一具有革命历史意义的遗址。当年的会议室、办公室、刘伯承司令员和邓小平政委的下榻处、粮仓和部分士兵的居住地向人们完整地再现了当时的情景，是教育后人的红色旅游之地。马氏庄园是全国重点文物保护单位、全国红色旅游经典景区、河南省廉政教育基地、河南省中共党史教育基地。

林州“人工天河”红旗渠

红旗渠位于河南、山西、河北三省交界处的河南省林州市，是国家重点风景名胜区、全国中小学生爱国主义教育基地、全国爱国主义教育示范基地、国家水利风景区、国家重点文物保护单位、中国红色旅游经典景区、新中国 60 大地标之一。

1960 年 2 月 11 日，为了彻底改变恶劣的生存和发展条件，10 万林县儿女踏入了茫茫太行山中，他们以重新安排林县河山的豪迈气概，凭着一锤一钎一双手，逢山凿洞，遇沟架桥，苦战十年，削平了 1250 座山头，挖砌土石达 2225 万立方米，凿通了 211 个隧洞，架设了 152 座渡槽，修建各种建筑物 12408 座，终于在太行山的悬崖峭壁上建成了总干渠长 70.6 公里，干渠、支渠、斗渠全长 1500 公里的“人工天河”红旗渠，结束了林县十年九旱、水贵如油的苦难历史。

红旗渠是人类改造自然、利用自然的史无前例的一大杰作，是林州人民勤劳与智慧的结晶，它不仅是一笔巨大的物质财富，而且是一笔巨大的精神财富。在这场气壮山河的伟大实践中，孕育形成了自力更生、艰苦创业、团结协作、无私奉献的红旗渠精神，得到了党和国家领导人的充分肯定和赞扬，也受到了世人的称赞而广为传颂。20 世纪 70 年代，周恩来总理曾自豪地告诉国际友人，新中国有两大奇迹，一个是南京长江大桥，一个是林县（今林州）红旗渠。

红旗渠风景区由分水苑、青年洞、络丝潭三个景区组成。分水苑风景区是一园林式景区，也是红旗渠总干渠分为三条干渠的地方。总干渠分水闸楼顶高悬郭沫若亲笔书写的“红旗渠”三个苍劲有力的朱红大字。由分水苑风景区驱车上行30公里，即可到达青年洞风景区。这里山高水险，红旗渠悬挂在巍峨耸峙的太行山悬崖绝壁之上，8米宽的红旗渠从山中穿过，一派雄险秀丽的景色。青年洞景区主要有鹰嘴山、虎口崖、青年洞等景点。其中，李先念题写的“山碑”、郭沫若题写的“青年洞”分别刻在青年洞口的山崖上，成为青年洞的两大标志。络丝潭风景区坐落在青年洞西约1公里处，亦名“天桥断”。络丝潭因其潭深一络蚕丝而得名，又因浊漳河有“九峡十八断”之称，此处乃一较大断堑跌水，上有连接豫、冀两省的峡谷索桥，故称“天桥断”。

红旗渠风景区以独特的人文精神和秀美的自然风光向世人展示出巨大的魅力。

鹤壁石林军事会议旧址

石林军事会议旧址位于鹤壁山城区石林镇石林村，这里曾经是晋冀鲁豫解放区的前大门、太行山革命根据地的一部分。

1947 年 6 月 10 日，豫北战役结束后，刘伯承、邓小平在这里召开了晋冀鲁豫野战军各纵队指挥员会议（简称“石林会议”），传达了党中央、毛主席关于战略防御转向战略进攻的重大战略决策。此后不久，刘邓大军强渡黄河，千里跃进大别山，解放战争进入重要转折期。石林军事会议是中国革命历程的重要转折点，是解放军由战略防御转向战略进攻的重要标志，是刘邓大军这支英雄部队突破黄河、挺进中原、千里跃进大别山的历史见证。

石林军事会议旧址原是一座建筑面积只有 100 多平方米的庙宇，2014 年 5 月，当地政府启动了石林军事会议旧址保护提升工程，在原有的石林军事会议旧址上建设作战指挥室、刘邓首长休息室、设备展览馆 3 个展示厅。同时，以石林军事会议旧址为中心，整合周边刘邓首长故居、华北第一柏、将军岗、东马村烈士陵园、刘邓大军团部旧址等红色景点，从而形成红色旅游精品线路。

石林军事会议旧址是河南省重点文物保护单位、河南省中小学生德育教育基地，被列为全省第一批重点建设的 26 个红色旅游经典景区之一。

清丰县单拐革命旧址

单拐革命旧址位于河南省清丰县双庙乡单拐村，是抗日战争后期、解放战争初期中共中央平原分局、中共中央北方局、冀鲁豫分局、冀鲁豫军区司令部暨军区第一兵工厂所在地，是一代伟人邓小平和老一辈无产阶级革命家黄敬、宋任穷、王宏坤、杨勇、苏振华等领导同志生活战斗过的地方。

1945 年 3 月，根据中共中央指示，邓小平率中共中央北方局机关到达冀鲁豫边区，同时进驻单拐村。中共中央平原分局和北方局在这里领导边区军民开展整风运动、民主民生运动和大生产运动。这里建立了冀鲁豫军区第一兵工厂，成功制造了我军兵工史上第一门大炮——九二式七十毫米步兵炮。

中共中央平原分局和北方局在这里指挥了对日伪军的攻势作战和战略大反攻，使边区抗日根据地得到进一步发展和巩固，是当时全国最大的抗日根据地，联系着华北、华东、太行和大后方延安，成为我党指挥抗日战争最为重要的一个战略区。

近年来，清丰县对单拐革命旧址进行了多次修复，并从全国征集史料和革命文物 2000 余件，各类珍贵图片 400 余幅，并建设了占地 8000 余平方米的革命旧址广场。革命旧址设立了“冀鲁豫抗战史迹”“邓小平生平”“边区百名将军”“边区民俗”“减租减息”“大生产运动”“抗战用品”“抗战胜利品”等 8 个专题展室，布展面积达 2000 多平方米。

单拐村现保留有中共中央北方局、冀鲁豫分局、冀鲁豫军区司令部旧址，军区第一兵工厂旧址，邓小平、宋任穷、黄敬、王宏坤、杨勇、苏振华、曹里怀等同志旧居23处，以及他们和部队当年生活、工作、生产使用过的大量革命历史文物。

除此之外，单拐村内还有保存较为完好的始建于清末民初的建筑群，是豫东北地区民居建筑的典型代表，也是豫北地区规模最大、保存最完整的清末民初时期的民居建筑群，是以红色景观、民居建筑游赏为主题，融自然和人文为一体的旅游区。单拐革命旧址先后被命名或批准为河南省文博系统优秀爱国主义教育基地、全省爱国教育示范基地、河南省红色旅游经典景区（点）、河南省重点文物保护单位、全国爱国主义教育示范基地、全国红色旅游经典景区、第六批全国重点文物保护单位。

临颍县南街村

南街村位于漯河市临颍县城南隅。改革开放以来，南街村遵循党的“一个中心，两个基本点”的基本路线，因地制宜，大力发展集体经济，走集体共同富裕道路，实现了物质文明和精神文明建设的飞速发展。

南街村坚持用毛泽东思想教育人，以雷锋精神鼓舞人，以革命歌曲激励人，提出了建设共产主义小社区的奋斗目标，强化了职工村民的集体主义精神，营造了浓厚的昂扬向上的集体主义氛围。经过20年的不懈奋斗，成为享誉国内外的全国著名村庄，先后获得了全国先进基层党组织、全国模范村民委员会、全国文明村、中国十大名村、国家级生态村、全国优秀乡镇企业等殊荣。村办集团企业南街村集团多次获得中国食品工业质量效益奖企业、工业排头兵企业、中国食品工业百强企业、全国食品工业优秀龙头食品企业等荣誉称号。“南街村”商标为国家驰名商标。

近年来，南街村大力进行景区建设，充分挖掘文化内涵，着力打造特色品牌，使南街村景区形成了以文化园区、工业园区、高新农业园区、村民住宅游览区、文化教育游览区、广场文化展示区、珍奇植物园区和革命传统教育区八大观光内容的大型红色旅游景区。特别是新建的革命传统教育景区，浓缩了中国革命的重大历史事件，让人足不出园便可领略中国革命波澜壮阔的宏伟画卷，被河南省旅游局确定为河南省南部红色精品线路。

20 多年来，南街村以其独特的发展模式和辉煌的成就吸引了众多游人前来参观，先后有 30 多位国家领导人和 200 多位将军到南街村视察，每年接待海内外游客 50 余万人次。南街村景区是国家旅游局首批命名的全国农业旅游示范点，河南省著名红色旅游景点之一。通过近几年的发展，南街村以发展模式、教育理念、发展方针、分配办法、生活方式及创建共产主义小社区伟大实践为特色，全面展示了南街村独特的红色人文景观。

八路军渑池兵站纪念馆

八路军渑池兵站位于河南省渑池县城关镇东关小寨村，是 1938 年 11 月经十八集团军总司令朱德同志签署文件，委派刘向三与国民党当局谈判后创办的我党我军的公开办事机构。兵站驻地分为三处：第一处是紧临 310 国道的小寨村，设有兵站办公室、仓库、战士和家属住处、兵站秘密会议室；第二处在渑池县城东关的一所宅院里，即刘少奇渑池旧居；第三处在县城东关现名海露北街 29 号宅院里，即中共豫西特委扩大干部会议旧址。

抗日战争时期，经渑池兵站为我党我军往太行山八路军总部、抗日前线运送了大批军需物资，护送了前往革命圣地延安和华北、华东、苏北等地的大批干部和进步学生，是通往全国各地的交通枢纽之一。渑池兵站的建立，对于当时发展壮大党的队伍，扩大抗日民族统一战线，巩固豫西革命根据地等起了重要的作用。

1938 年党的六届六中全会后，刘少奇化名胡服，由延安经西安八路军办事处到渑池，于 12 月 20 日在渑池兵站召开了中共豫西特委扩大干部会议，传达贯彻党的六届六中全会精神。在这里，刘少奇在党训班上首次宣讲了其撰写的政治名著《论共产党员的修养》。这个著作极大提高了党员的马列主义水平，使他们在后来的各项工作中发挥了先锋模范作用，为我党留下了光辉的历史遗产。1938 年 11 月下旬，邓小平、杨尚昆等领导同志也从延安到渑池兵站，并由此北渡黄河，奔赴太行前线。1939 年 11 月 21 日，国际著名医生巴苏 · 柯棣华率印度援华医疗队在渑池兵站停留两天，由兵站派人护送奔赴太行前线。朱德、彭德怀同志也曾亲自到渑池兵站指导工作。1940 年 5 月，八路军渑池兵站因形势需要而撤销。

八路军渑池兵站纪念馆建筑为河南豫西山区民居风格，砖石根基，土木结构，包括兵站旧址、刘少奇旧居以及中共豫西特委扩大干部会议旧址等。现有展室 17 间，面积约 200 平方米，主要有渑池兵站站史、豫西特委扩大会议经过、刘少奇生平事迹以及日寇侵华暴行等陈列。现有馆藏文物 77 件，类别主要有木质、针织、手稿影印件等，其中有刘少奇用过的罗汉床、木椅、火盆，朱德用过的椅子等实物，是进行革命传统教育的好去处。

镇平县彭雪枫纪念馆及故居

镇平县彭雪枫纪念馆是全国知名的红色经典景区，包括彭雪枫纪念馆和彭雪枫故居。纪念馆位于县城东北隅，占地面积2.5万平方米，主体建筑面积3900平方米。彭雪枫故居位于镇平县城南3.5公里的雪枫街道办事处七里庄村，归属彭雪枫纪念馆。

彭雪枫纪念馆始建于1984年。纪念馆布局严谨、庄重肃穆、环境优美，由瞻仰厅、展厅、碑廊、碑亭、广场、绿化区、文物库房和办公区8部分组成。纪念馆大门右侧的巨石上刻写着原国家主席杨尚昆题写的馆名“彭雪枫纪念馆”，广场中心矗立着高3.2米、重1.5吨的彭雪枫将军戎装铜像，昂首挺立，凝视千秋。雪枫广场苍松翠柏，鸟语花香，是接受爱国主义教育、革命传统教育与休闲健身的理想场所。两侧分别为碑亭、碑廊。铜像后是坐北面南框架结构的主体建筑，前为八角形瞻仰大厅，后为展馆。

瞻仰大厅门两侧为中共中央委员会1945年为悼念彭雪枫将军题写的挽联：“为民族，为群众，二十年奋斗出生入死，功垂祖国；打日本，打汉奸，千百万同胞自由平等，泽被长淮。”大厅宽敞明亮，中央为一尊高3.4米的汉白玉彭雪枫雕像，身着长衫，面带微笑，雕像后是一幅气势宏伟的主题背景画，两侧为毛泽东、朱德、刘少奇、彭德怀、陈毅等老一辈无产阶级革命家题写的挽联。展馆位于后部的中央，总面积2350平方米，将600余幅有关彭雪枫将军戎马一生的珍贵照片分作

8 个部分集中展览，再现了他光辉灿烂的一生。

彭雪枫故居是河南省重点文物保护单位，隶属彭雪枫纪念馆管理。彭雪枫于 1907 年 9 月 9 日在此诞生，并度过了童年和少年时代。故居占地面积 11 亩，建筑面积 460 平方米，由故居广场、竹园、生产和生活用房等部分组成。整个故居布局严谨、庄严肃穆、鸟语花香、环境优美，是广大群众接受爱国主义教育、革命传统教育的重要活动场所。

彭雪枫纪念馆先后被授予河南省国防教育基地、河南省爱国主义教育基地、河南省中小学德育基地、河南省级文明博物馆等称号，是河南省十大优秀爱国主义教育基地之一。彭雪枫纪念馆 2005 年被中宣部命名为全国爱国主义教育示范基地，被第二炮兵部队命名为革命传统教育基地，2009 年被命名为国家国防教育示范基地，2011 年被评为全国红色旅游经典景区，2014 年被列为第一批国家级抗战纪念设施、遗址。

桐柏革命纪念馆

桐柏革命纪念馆位于桐柏县城南叶家大庄，是中共中央中原局、中原军区和中原行署旧址。

地处淮河源头的桐柏县是革命老区，早在 1925 年就建立了南阳地区第一个党组织。抗日战争时期，桐柏先后成为 3 个中央级、6 个省级、9 个地级、12 个县级党、政、军领导机关所在地。刘少奇、李先念以及 304 位元帅和将军曾在此工作和战斗过。长篇小说《桐柏英雄》和据此改编的电影《小花》是桐柏革命战争年代的真实写照。

1945 年 10 月，李先念率领的新四军五师、王震率领的八路军三五九旅南下支队和王树声率领的河南军区部队 6 万余人在桐柏胜利会师。10 月 30 日，中共中央中原局、中原军区和中原行署在桐柏县城南叶家大庄宣告成立。郑位三任中原局代理书记兼军区政委，陈少敏任中原局副书记，李先念任军区司令员兼中原局副书记，王树声任副司令员，王震任副司令员兼参谋长，王首道任副政委兼政治部主任，许子威任中原行署主任。桐柏成为当时中原解放区的核心区域和各级首脑机关所在地。三军会师桐柏，将国民党 30 万大军拖在中原地区达 10 个月之久，为我军收缴华中、华北、华东抗战胜利果实赢得极其宝贵的战略机遇，为解放战争的胜利和新中国的诞生建立了不朽的功勋。

桐柏革命纪念馆占地面积 4.7 万平方米，属典型的民居式青砖灰瓦四合院风格。整个建筑群依山就势，层层抬高，衔接有序，错落有致，其中主体建筑占地面积 7500 平方米，建筑面积 3000 平方米，共有大小院落 11 座，房屋 194 间，花园 1 座，内有李先念、郑位三、陈少敏、王震、王树声、任质斌、许子威等旧居，以及中共中央中原局会议室、作战指挥室、名人雕塑园等遗迹，并设有“淮源星火”“红旗漫卷”“抗日烽火”“中原伟业”“桐柏霞光”等 5 个专题展厅，配以影视画面和声光电等科技手段，生动逼真地再现了不同时期桐柏的革命史实。原国家主席李先念为桐柏英雄纪念碑和桐柏革命纪念馆题词。

经过当地政府多年的开发建设，桐柏革命纪念馆已成为全国红色旅游新亮点，2004 年被列入全国百家红色旅游经典景区之一。

夏邑县彭雪枫将军纪念馆

彭雪枫将军纪念馆位于商丘市夏邑县城东北 17 公里孔庄乡八里庄村，是为纪念新四军第四师师长兼政委彭雪枫 1944 年 9 月 11 日在此壮烈殉国所建。

彭雪枫将军纪念馆坐北面南，占地面积 3000 平方米。纪念馆大门外有宽敞的雪枫广场，占地 8000 余平方米。广场正中间有威武雄壮的彭雪枫将军骑马雕塑。纪念馆院内苍松翠柏，庄严肃穆。大门内右侧有彭雪枫将军殉难处纪念碑，树立在彭雪枫将军壮烈牺牲的地方。纪念碑正面镌刻着张震将军题写的“彭雪枫将军殉难处”几个苍劲有力的大字，碑阴简要介绍了八里庄战斗的经过及意义。

纪念馆的主体部分，是正对着大门的位于纪念馆后半部的彭雪枫将军事迹展览室。展室内展板面积 200 余平方米，共有包括 209 幅照片、6 幅地图、10 副挽联挽词、1 个大前言和 8 个小前言在内的 234 件展品。展板以彭雪枫将军一生的战斗历程为线索，分为 8 个部分进行布展。纪念馆东侧有一教堂，是八里庄战斗新四军第四师临时指挥部、彭雪枫将军牺牲后遗体存放处旧址。

彭雪枫将军纪念馆是河南省重点文物保护单位、河南省青少年爱国主义教育示范基地、河南省中小学生德育教育基地，也是夏邑县唯一的红色旅游胜地。

永城淮海战役陈官庄烈士陵园

淮海战役陈官庄烈士陵园位于永城东北 25 公里陈官庄村南，是为纪念淮海战役第三阶段陈官庄地区歼灭战中牺牲的烈士而建。

1948 年 11 月 6 日至 1949 年 1 月 10 日，中国人民解放军以徐州为中心，在东起海州，西至商丘，北自临城，南达淮河的广大地区发动了淮海战役，陈官庄地区歼灭战是淮海战役的最后一个阶段。1949 年 1 月 6 日，解放军发起总攻，经过 4 昼夜的激战，全部歼灭了国民党一个战区司令部、两个兵团部、八个军部 20 多个师共 26 万多人，活捉国民党徐州“剿总”副司令杜聿明，击毙国民党第二兵团司令邱清泉，取得了淮海战役的彻底胜利。陈官庄地区歼灭战是整个淮海战役中消灭敌人最多、取得成果最大的一次胜利。虽然我军伤亡较小，但也有不少革命战士英勇牺牲在了陈官庄这片土地上。

陵园占地约 200 亩，坐北向南，园内苍松翠柏，绿树成荫，布局协调，庄严肃穆。正中为花岗岩烈士纪念碑，高 25 米，上刻周恩来总理手书“淮海英雄永垂千古”8 个大字。陵园主要景观淮海战役纪念馆和烈士事迹陈列馆坐落在纪念碑后东西两侧，为民族风格的天井式建筑。

淮海战役纪念馆占地面积 750 平方米。室内陈列分正厅、序言、战役实施、人民支前、最后决战、大军南下等 8 个展室，共展出文物资料、历史照片等 400 余件（幅），生动翔实地介绍了中央军委、毛泽东主席对淮海战役的英明决策和以邓小平为首的总前委对淮海战役组织指挥的情况。烈士事迹陈列馆占地面积500平方米，馆内陈列着45位在淮海战役中奋不顾身、英勇杀敌而壮烈牺牲的我军指战员、党政干部和支前民兵、民工等烈士的遗像、遗物，以及他们的事迹介绍。正厅中间台上存放着烈士名录。南北面有“浩气长存”“缅怀先烈”浮雕。正面是邓小平的题词大屏风：“中华儿女们永远记着：你们的幸福是先烈们用血换来的。淮海战役烈士永垂不朽”。

淮海战役陈官庄烈士陵园被国务院批准为国家级重点革命纪念馆，被评为全国红色旅游经典景区。

睢县睢杞战役纪念馆

睢县睢杞战役纪念馆位于河南省商丘市睢县城北 2 公里处，是为纪念在睢杞战役中牺牲的烈士而建。

1948 年 6 月 27 日，华东野战军和中原野战军一部共 20 万人，在睢县龙王店、常郭屯、杨拐一带迎战国民党军 25 万人，经过 10 日的激战，歼敌 5 万余人，并生俘敌兵团司令区寿年等，睢杞战役胜利结束。

睢杞战役纪念馆始建于 1980 年，占地面积 6.9 万平方米，现拥有办公用房 17 间。院内建有全国人大常委会原副委员长叶飞题词的睢杞战役英雄纪念碑，国防部原部长张爱萍将军亲笔题词的粟裕将军骨灰撒放处中心花坛，和粟裕将军汉白玉塑像、睢杞战役烈士公墓、睢杞战役事迹陈列室、十八勇士纪念碑群，以及思源广场、“军民同歌”大型汉白玉浮雕、同心潭、莲花池等建筑设施。整个纪念馆内苍松翠柏林立，四季常青，环境幽雅整洁，庄严肃穆，是进行革命传统教育和游览观光的极好场所。

睢杞战役纪念馆是河南省国防教育基地、河南省爱国主义教育基地、河南省省级烈士纪念建筑物重点保护单位。

信阳市鄂豫皖革命纪念馆

鄂豫皖革命纪念馆坐落在信阳市北京路和107国道交会处，占地面积3万平方米，建筑面积6200平方米，是信阳市委、市政府的重点工程，是为缅怀革命先烈丰功伟绩、弘扬大别山革命精神而兴建的。

鄂豫皖革命纪念馆设计别具一格，整个建筑以红色为基调，以千里跃进大别山的“千”字为建筑造型，以百位将军雕像和鄂豫皖根据地地图、30万烈士英名为墙面浮雕。馆内陈展内容按时代顺序，以上千幅图片文字和数百件实物对应的方式，全面展示了鄂豫皖革命根据地的形成、发展和不断壮大的过程，着重介绍了从大革命时期到解放战争时期各个历史阶段发生在鄂豫皖大地上的重大历史事件。整个展览共由9个部分组成，分别是序厅、大别风雷星火燎原、红军摇篮将军故乡、红色苏区共铸辉煌、红色土地艰苦卓绝、江淮抗战中流砥柱、中原突围铁流千里、千里跃进伟大壮举和将星璀璨等。鄂豫皖革命纪念馆规模宏大，可同时容纳千人以上接受教育，各项教育功能齐全，利用现代的声、光、电和多媒体技术进行展示，更强化了教育的效果。

鄂豫皖革命纪念馆是全国首批国防教育示范基地、全省爱国主义教育示范基地、全省廉政教育基地，全国红色旅游经典景区信阳市红色旅游系列景区（点）的重要组成部分。

新县首府路和航空路革命旧址群

新县首府路和航空路革命旧址群，是全国红色旅游经典景区信阳市红色旅游系列景区（点）的重要组成部分，主要包括中共中央鄂豫皖分局、省委旧址，鄂豫皖军委及红四方面军总部旧址，鄂豫皖军委航空局旧址，鄂豫皖省苏维埃政治保卫局旧址，鄂豫皖苏区税务总局旧址等。

中共中央鄂豫皖分局、省委旧址，是鄂豫皖革命根据地旧址群的重要组成部分，是全国重点文物保护单位，也是典型的新县民居式建筑风格。旧址位于新县县城内首府路 27 号，东西长 90 米，南北宽 22 米，总面积 1980 平方米。旧址原为新集大地主的私人住宅，门楼式大门上方悬挂着徐向前同志 1980 年 4 月为旧址题写的“中共中央鄂豫皖分局旧址”匾额。整个建筑结构紧凑，庭院对称，廊檐宽阔，宁静幽深。

1931 年 2 月新集解放，5 月 12 日中共中央鄂豫皖分局在新集正式成立。分局委员共 11 人，其中中央指定 8 人，即张国焘、陈昌浩、沈泽民、曾中生、王平章、蔡申熙、舒传贤、邝继勋，另补选 3 人，即周纯全、郭述申、高敬亭。候补分局委员有甘元景等 15 人。鄂豫皖分局既是中央代表机关，又是鄂豫皖地区党组织的最高领导机构。为便于工作，根据《中央关于鄂豫皖省委的决议》又组成了鄂豫皖省委，书记沈泽民，组织部长高敬亭，宣传部长成仿吾，省委常委还有郑位三、汪友清（女）、耿显义等 7 人。

鄂豫皖分局、省委成立后，领导鄂豫皖人民在军事斗争中取得节节胜利，连续粉碎了敌人第一、二、三次“围剿”，同时苏区的政权建设、经济文化建设和土地革命运动也广泛开展起来。1932 年夏，国民党调集重兵对鄂豫皖根据地发动大规模的第四次“围剿”。由于张国焘的“左”倾错误，导致第四次反“围剿”斗争失利，新集于 1932 年 9 月 9 日沦陷，鄂豫皖分局机关随红四方面军撤离。

鄂豫皖军委及红四方面军总部旧址位于新县县城首府路 27 号，坐西朝东，与中共中央鄂豫皖分局、省委旧址一路之隔。旧址是清末豫南民居式建筑风格，古朴典雅，井然有序。原有砖木结构房屋 7 排共 60 余间，现只剩前 3 排共 40 间房屋保存完好。旧址房屋占地面积 1600 平方米，大门上方悬挂着李德生同志题写的“红四方面军总部旧址”匾额，该旧址 1988 年被国务院公布为全国重点文物保护单位。

1931 年 5 月，鄂豫皖军事委员会在新集成立。军委主席由分局书记张国焘兼任，曾中生、邝继勋为副主席。军委下设参谋部、政治部、秘书处、经理处、军医院、航空局、彭杨军政干校等机构。同年 11 月，中国工农红军第四方面军于黄安七里坪成立，徐向前任总指挥，陈昌浩任政委，总部设于军委机关内。当时，第三排房屋北侧四间为张国焘、徐向前办公室兼住室。红四方面军成立后，在中央分局及军委的领导下，连续取得了黄安、商潢、苏家埠、潢光战役的胜利，使敌人对鄂豫皖根据地的第三次“围剿”遭到失败，确保了鄂豫皖根据地的发展，创造了鄂豫皖根据地的极盛局面。1932 年新集沦陷后，鄂豫皖军委及红四方面军总部同时撤离。

鄂豫皖军委航空局旧址位于新县城关第一中学校园内，原为普济寺，四合院建筑，后栋正殿内举办有“列宁号”飞机陈列展览，1988 年被国务院公布为全国重点文物保护单位。

1930 年 2 月，国民党一架“容克”式高级教练飞机从武汉飞往开封执行通讯任务。返航途中，因油料燃尽迫降在大别山南部赤白交界的宣化店附近陈家河河滩上。红军赤卫队同当地反动民团进行了一场激烈的争夺战，缴获了飞机，转运到新县卡房林家湾。鄂豫皖军委领导人徐向前接见了驾驶员龙文光，鼓励他弃暗投明为红军服务。随后鄂豫皖军委组织兵工厂工人克服物质和技术上的重重困难，将飞机装配修复。1931 年夏，飞机飞抵鄂豫皖首府新集。修复后，边区政府将飞机命名为“列宁号”。军委随即成立了鄂豫皖军委航空局，局长龙文光，政委钱钧。局址设在县城北普济寺内。“列宁号”首航飞往固始、潢川等地侦察敌情，空投四五十捆革命标语、传单，震动了豫南。“列宁号”还远征武汉，进行侦察和示威，使武汉三镇的国民党惊恐万状，陷入一片慌乱之中，敌人重要军事目标被迫实行灯火管制。在反“围剿”斗争中，为了充分发挥“列宁号”飞机的战斗作用，在机翼下安装了两个挂弹架，教练机又变成了轰炸机。1931 年 12 月 24 日，“列宁号”在黄安城丢下两枚炸弹，正炸中守敌六十九师师长赵冠英的指挥部，配合红四方面军取得黄安战役的胜利，一举攻克了黄安县城，在中国革命史和空军建军史上留下了光辉的一页。

鄂豫皖省苏维埃政治保卫局旧址在新县城关首府路西的一所宅子里。1999 年由国家文物局拨款对旧址进行了修复，按原貌复原了首长住室、办公室及各委办的用房。现为三排两进院，均系灰砖瓦房，共 18 间，前排 5 间临街。东檐墙至今还保留有战争年代留下的许多枪眼。

1931 年 7 月，在鄂豫皖省苏维埃成立的同时，成立了省苏维埃政治保卫局，局长周纯全，下辖执行、审讯、保卫等科，根据地各县根据省苏维埃政府要求，也相继成立了各县保卫局。保卫局当时在打击反革命破坏活动、保卫苏区以及维护社会治安等方面做了大量工作，对根据地的建设起了重要作用。9 月，张国焘为达到个人目的，利用政治保卫局对大批鄂豫皖地区优秀党政军干部扣上许多莫须有的罪名进行“肃反”，使这些干部惨遭杀害，给根据地的党政军建设带来了巨大损失。

鄂豫皖苏区税务总局旧址，位于新县城关首府路，坐东朝西，有砖木结构的房屋两栋，每栋4间，加上偏房，共11间。新中国成立后新县税务局就一直在此房内办公。为配合革命传统教育，税务局向上申报，2000年由河南省国税局投资40万元将此旧址全面修复，室内举办有复原陈列。

1930年，随着鄂豫皖革命根据地武装斗争的展开和苏维埃政权的建立，军需、民食问题已成为当务之急。为了动员一切可以动员的物力、财力支援革命战争，打破敌人的经济封锁，党和政府开始注重运用财政、税收杠杆，调节各阶级收入。按照土地革命总路线的要求，把负担的大头放在剥削阶级身上，对不同阶级分别采取没收、征发、捐款、征税等办法，获取财政收入，并把重点放在税收方面。9月17日，鄂豫皖特委发布《关于征收累进税问题的边界通告》，这是鄂豫皖革命根据地最早的税收成文。1931年7月，鄂豫皖苏区税务总局在新集正式成立，首任局长由根据地早期领导人徐朋人担任，从各县抽调优秀税务员到总局工作。总局成立后，在各县建立了税务分局，分局人员五至七人不等，不够设分局条件的地方，设立税务特派员。10月，鄂豫皖苏维埃颁布了《商业累进税之规定》，进一步明确了税收的基本原则。税务机构的健全、全新税制的实行和税务工作者卓有成效的工作，不仅保证了税收对边区革命战争和党政军机关的供给，而且适应了运动战的需要，有力地支持了根据地的武装斗争和土地革命斗争。

新县鄂豫皖苏区首府革命博物馆

鄂豫皖革命根据地是土地革命时期中国共产党领导创建的规模较大的根据地之一，新集（今新县）是鄂豫皖苏区首府，在这块红色的土地上，先后诞生了红四方面军、红二十五军、红二十八军三支主力红军。鼎盛时期，根据地发展到 26 个县，人口发展到 350 万人，主力红军发展到 4.5 万余人。在血与火的斗争中，苏区共走出了 349 位将军，留下了董必武、徐向前、刘伯承、邓小平、李先念等老一辈无产阶级革命家的战斗足迹，谱写了一曲曲气壮山河的动人诗篇，为中国革命的胜利作出了不朽的贡献。当时全县人口不足 10 万，就有 5.5 万人献出了生命，其中革命烈士 3.5 万余人。1985 年国家投资在新县兴建了鄂豫皖苏区首府革命博物馆，1990 年 10 月 25 日建成对外开放。原国家主席李先念为该馆题写了馆名。

鄂豫皖苏区首府革命博物馆是河南省规模最大的县级革命博物馆，坐落在新县秀丽的山城东南，依山傍水，仿古式现代建筑，主体为徽式风格，红檐橙瓦，金碧辉煌。鄂豫皖苏区首府革命博物馆占地面积 2 万平方米，建筑面积 3800 平方米，内设 7 个展厅，分为基本陈列和专题陈列两部分，展出面积 828 平方米。基本陈列展示了鄂豫皖苏区十年土地革命历史，分为序厅和第一、第二、第三、第四展室五部分，分别反映了鄂豫皖革命根据地的创建、形成、巩固、发展、建设及根据地的游击战争。专题陈列介绍了新县籍 43 位授衔将军和 50 位省军级干部的生平事迹等。馆内还陈列有中国工农红军的第一架飞机“列宁号”、全国唯一保存下来的当年书写在青砖墙上的《中国苏维埃第一次全国代表大会土地法令草案》、当年的军事用品和政府用品等珍贵文物。

自 1990 年开馆以来，鄂豫皖苏区首府革命博物馆共接待了国内外游客、党员干部、大中小学生 200 多万人次。鄂豫皖苏区首府革命博物馆已被中国人民大学、中国政法大学、空军第一航空学院、河南省委宣传部、河南省直机关工委、河南省教育厅等 40 多个单位挂牌命名为革命传统教育基地。鄂豫皖苏区首府革命博物馆是全国爱国主义教育示范基地，也是全国红色旅游经典景区信阳市红色旅游系列景区（点）的重要组成部分。

新县鄂豫皖苏区首府烈士陵园

新县鄂豫皖苏区首府烈士陵园位于新县县城南风景秀丽的白马山东侧，建于 1957 年，占地面积 22 万平方米。陵园内陈列和珍藏着朱德、邓小平、李先念、徐向前、许世友、李德生、刘华清、迟浩田等党和国家领导人的亲笔题词及珍贵的烈士遗物 4500 余件，安葬着近百位革命烈士、老红军和红军将领，记述着鄂豫皖苏区 13 万多名革命烈士的丰功伟绩。

陵园由烈士浮雕墙、烈士纪念碑、烈士纪念堂、革命斗争史陈列室、吴焕先半身塑像、烈士纪念亭、烈士墓地等组成，园名由原国家主席李先念亲笔题写。烈士浮雕墙用花岗岩雕塑而成，生动反映了鄂豫皖苏区三支主力红军诞生、农民武装斗争和苏维埃政权及党组织建立的宏伟历史场面。烈士纪念碑高 13.1 米，正面有朱德亲笔题词：革命烈士永垂不朽。烈士纪念堂存放有各个时期的烈士英名录，陈列着鄂豫皖苏区创始人之一、红二十五军政委吴焕先等著名烈士事迹介绍，珍藏着一代名将许世友等将军和烈士的珍贵遗物。革命斗争史陈列室主要反映了鄂豫皖苏区首府人民的革命斗争历程和鄂豫皖苏区各个革命斗争时期的重大历史事件。烈士纪念亭为仿古建筑，登上亭台，可俯瞰新县山城风光。烈士墓地松柏叠翠，环境幽静，安葬着近百位烈士和红军将领的骨灰。

鄂豫皖苏区首府烈士陵园是全国重点革命烈士纪念建筑物保护单位，全国爱国主义教育示范基地，全国红色旅游经典景区信阳市红色旅游系列景区（点）的重要组成部分。

新县许世友将军故里

许世友将军故里位于河南省新县田铺乡许家洼村，是一代传奇将军许世友的出生地，也是许世友将军谢世后的安息之地。

近年来，当地政府以将军墓地为中心，先后改建或新修了将军故居、生平事迹展、将军生前珍藏万枚毛主席像章展、将军纪念广场、许母坟、五凤松、习武场、农家乐园等10多个景点，使这里既是接受革命传统教育、缅怀革命先辈的地方，又是观赏自然风光、体验淳朴民情的场所。

许世友将军故居坐落于万紫山下的来龙岭畔，坐北朝南，始建于清光绪年间。许世友参加革命后，当地反动民团曾放火烧过两次，将军的母亲后来进行了重新修建。现有土木结构房屋5间，每间面积约20平方米，土坯墙体，外裹青砖，房屋傍山而筑，屋顶齐平。地面呈梯次升高，门头上悬挂着全国人大常委会原副委员长王光英题写的“许世友将军故居”牌匾。2000年许世友将军故居被河南省人民政府确立为省级重点文物保护单位。

许世友将军故居西边是许世友生平事迹展厅和将军生前珍藏的万枚毛主席像章展厅，两个展厅都是在当地民房的基础上改建而成的。生平事迹展以图片、文字、史料、遗物展示的形式，着重体现了许世友将军忠党爱国、英勇无畏、侠肝义胆、孝母懿德的生动事迹。毛主席像章展厅展示了将军生前收藏的10295枚毛主席像章，着重反映了将军与领袖不同寻常的情谊，体现了将军的赤胆忠心，具有极高的历史价值。

许世友将军墓地位于故居西北部，墓地四周古木奇松林立。墓地由南京军区修建，约 90 平方米，墓身突出地面部分呈圆弧状，高 2 米，直径 4.2 米，由 91 块扇形的花岗岩砌成。墓前耸立一块高 3.12 米，宽 0.25 米的花岗岩墓碑，正面遒劲挺秀的 7 个大字“许世友同志之墓”和背面的碑文由书法家范曾题写。

许世友将军赫赫的战功、特殊的个性、忠国孝母的情怀和传奇的人生经历深受世人敬仰，每年吸引着国内外各界人士前来拜谒观瞻。许世友将军故里是大别山区著名的爱国主义教育基地和革命传统教育基地，也是全国红色旅游经典景区信阳市红色旅游系列景区（点）的重要组成部分。

新县郑维山将军故里

1915年8月郑维山将军出生在河南省新县泗店乡泗店村屋脊洼组，13岁参加革命，15岁加入中国共产党，历任红军主力师政委，六十三军首任军长，二十兵团代司令员，北京军区、兰州军区司令员等。他在70年的戎马生涯中，三爬雪山，三过草地，参与指挥大小战役数百起，在现代战争史和共和国建国史上都写下了不朽的篇章。抗美援朝战争期间，他大胆地在美军视为固若金汤的密苏里防线前200米处潜伏3500人和200门大炮，实施大兵团潜伏一昼夜，一举歼灭敌两个加强团28300多人，拉平了“三八线”，迫使以美国为首的“联合国军”在板门店签订停战协议。在此次战斗中，涌现出著名战斗英雄邱少云，创造了世界战争史上的奇迹。

郑维山将军身经百战，功勋卓著，先后荣获共和国一级八一勋章、一级独立自由勋章、一级解放勋章、一级红星功勋荣誉勋章、朝鲜一级自由独立勋章和一级国旗勋章，1955年被授予中将军衔。2000年5月9日郑维山将军在北京病逝，享年85岁。临终前嘱咐丧事从简，将其骨灰撒放在青少年时期生活、战斗过的故乡后山一块巨石周围，这块巨石即今日的将军石。

为了纪念郑维山将军，当地政府在郑维山将军老家建成了郑维山将军故里风景区，作为对后人进行革命传统教育的基地。该景区面积约9平方公里，共有人文、地理、历史等景点50多处，主要景点有将军故居、将军石、将军亭、藏枪池、碑林，以及点将台、消息树、红军洞、蝴蝶洞、太平寨、花氏寨等。将军石背后400米高的山峰上有一巨石，顶部平坦，名曰点将台。东30米处有一天然矿泉，叫将军泉，是郑维山将军幼年放牛时饮水的地方。将军广场南端是将军亭，与将军石南北相对，将军石西200米处为江淮分水岭。

郑维山将军故里既是革命传统教育的基地，又是休闲娱乐的好地方，同时又是观赏名家书法的好去处，沈鹏、李铎、张海等多位全国知名的书法家都在此留下了墨迹。

光山县王大湾会议旧址

王大湾会议旧址位于光山县城东南25公里的砖桥镇砖桥街文氏祠。

1947年秋，刘伯承司令员、邓小平政委遵照中共中央、中央军委的指示，率领晋冀鲁豫野战军千里跃进大别山，经过一个多月的艰苦跋涉和浴血奋战，胜利到达鄂豫皖三省交界的大别山地区光山县境内。9月27日至29日，刘邓首长和中原局及野战军总部在光山砖桥的文氏祠召开了旅以上高级干部会议，史称“王大湾会议”。会议着重解决了增强部队斗志、克服右倾情绪、进一步整顿纪律等重大问题，同时针对当时战局的发展，研究了消灭敌人、发动群众、筹集给养等各项任务。这次会议是刘邓大军挺进大别山的重大转折，对于重建大别山根据地，打破蒋介石的总体战略，加速全国革命胜利的进程都起到了极为重要的作用。

王大湾会议旧址为清代建筑，砖木结构，融鄂、豫、皖三省建筑特点于一体，主要由“福”“禄”“寿”“禧”四个四合院落组成，是一处典雅别致的民居群。王大湾会议旧址现为全国红色旅游经典景区、河南省重点文物保护单位、河南省爱国主义教育基地。

光山县委、县政府经过多年的精心打造，征集各类文物2000多件，建成了目前集红色、民俗、民居、民情于一体的旅游景区。景区分为首长旧居展厅（刘伯承、邓小平等首长在此居住）、将军厅（光山籍将军生平事迹介绍、用品陈列，展示光山籍将军的风采）、丰功园（主要展示刘邓大军的丰功伟绩）、鱼水村（再现光山人民支援刘邓大军的军民鱼水情场景，主要有民国时期的百货店、药铺、理发铺、照相馆、皮影戏、木版印刷、小酒店、饮食店、妇女绣花厅等）、影视厅及游客服务中心等几大部分。在这里不仅能领略到刘邓大军的丰功伟绩，也能体味到光山淳朴的民风民情。

光山县邓颖超祖居

邓颖超祖居位于今河南省光山县司马光中路白云巷内，是伟大的无产阶级革命家、中国妇女运动的先驱邓颖超同志的父亲及祖父居住的地方。

邓颖超祖籍河南省光山县。清咸丰年间，邓颖超祖父辈带着四个儿子居住于此。清光绪十一年，邓颖超的父亲邓廷忠中武进士，并点名武翰林，授任御前侍卫，后调任广西南宁镇台之职。邓颖超于 1904 年 2 月 4 日出生于广西南宁。

邓颖超祖居占地面积3000平方米，分东、西、中三个院落，坐北朝南，前后两进，现存清代建筑房屋 30 多间。建筑结构严谨，格扇门窗古朴典雅，是一座典型的具有南方特点的清代建筑。

自 2001 年起，光山县对邓颖超祖居进行认真整修，并多次派人赴北京、天津、吉林等地征集相关文物用品 400 多件。全国人大老干部局将邓颖超祖居辟为人大老干部局关心下一代基地。中央文献研究室、天津周恩来邓颖超纪念馆的负责同志曾数次亲临光山，组建成天津、临安、光山三地联姻的周恩来、邓颖超宣传基地。周恩来、邓颖超生前身边的工作人员及周恩来、邓颖超的亲属从中南海西花厅移植了一批珍贵花木并亲手种植于邓颖超祖居，同时帮助祖居征集了 30 多位副国级以上领导人、文化名人的题词、题字及周恩来、邓颖超生前文物。现祖居内陈列有周恩来、邓颖超同志生前文物及生平事迹展室，党和国家领导人及文艺界名流题词碑廊，具有徽派建筑艺术风格的晚清大家豪宅寝室陈列展，以及练武厅等景点。

邓颖超祖居景点对外开放以来，已先后接待了中央文献研究室，科技部、公安部等国家部委，以及省、市各级领导，协助中央电视台、河南电视台、南京电视台拍摄《邓颖超》等电视专题片。邓颖超祖居现为全国重点文物保护单位、河南省爱国主义教育基地。

罗山县何家冲

何家冲位于罗山县铁铺乡何家冲村，是中国工农红军第二十五军长征出发地，也是中国工农红军长征四大出发地之一。

1934 年 11 月 16 日，红二十五军奉中央军委副主席周恩来的命令，高举“中国工农红军北上抗日第二先遣队”的旗帜，在军长程子华、政委吴焕先、副军长徐海东的带领下，由何家冲出发长征，成为第一支到达陕北的红军长征部队，因此被誉为“北上先锋”，为迎接党中央和中央红军把中国革命的大本营放在陕北作出了重大贡献。

何家冲是一块红色的土地，1926 年党在这里建立了农民协会，1929 年建立了赤卫队。鄂豫皖根据地形成后，何家冲是苏区的游击区。1932 年后红二十五军合编为红四方面军，10 月红四方面军主力撤出鄂豫皖苏区后，敌人以 30 万的兵力“清剿”苏区。在严峻的形势下，中共鄂豫皖省委于 1932 年 11 月 30 日在红安檀树岗重建红二十五军，开始独立地坚持根据地的武装斗争，何家冲是红二十五军和鄂东北省委坚持斗争的主要地区。在三年游击战争期间，何家冲曾是红二十五军军部及医院驻地。抗日战争时期，何家冲为豫鄂边区抗日根据地的组成部分。新四军第五师突围后，何家冲在地下党的领导下坚持斗争直至解放。

1996 年，何家冲红二十五军军部旧址——何氏祠、红二十五军军部医院旧址——何大湾、红二十五军长征出发集结地标志——白果树被国务院批准为第四批全国重点文物保护单位。1997 年，何家冲被确定为河南省爱国主义教育基地。2005 年，何家冲被纳入全国 12 个重点红色旅游区之大别山鄂豫皖红色旅游区中，成为全国 100 个重点红色旅游经典景区之一。2010 年，何家冲被评定为全国爱国主义教育示范基地。

党和国家领导人徐向前、李先念、刘华清、程子华、郭述申、刘震等先后为何家冲亲笔题词。何家冲已成为重要的革命历史纪念地。

金刚台红军洞

河南信阳商城金刚台国家地质公园风景区位于大别山北麓，地处鄂豫皖三省交界处，是国家地质公园、全国红色旅游经典景区信阳市红色旅游系列景区（点）的重要组成部分、国家生态保护区、河南省生态旅游区。金刚台有大小洞穴 70 多个，大都分布在海拔 1000 米以上的崇山峻岭中，荆棘丛生，人迹罕至。

1934 年 11 月，红二十五军长征后，鄂豫皖边区开始进入艰苦的三年游击战争时期。为了打破敌人对赤城根据地的封锁，保护地方革命武装，中共赤城县委带领赤城部分武装力量和红军家属转移到金刚台，在金刚台铁瓦寺成立中共商南县委，组建商南游击大队，并以金刚台的 70 余个天然山洞为依托坚持斗争。为了适应斗争的需要，商南县委将在山上的地方党政女干部、红军医院的护士和红军家属约 40 人编为一个妇女排，在金刚台开展游击战争。从 1935 年至 1937 年，妇女排和游击大队以各个洞穴为据点，以金刚台大山沟壑为依托，以坚强的革命意志战胜重重困难，始终坚守在金刚台主峰。红军战士和伤病员经常居住在金刚台朝阳洞、大石棚、豹虎洞、水帘洞、美人洞、观音洞、蝙蝠洞等 70 余个山洞。这些天然洞穴掩护和保存了革命力量，被后人亲切地称为“红军洞”。红军洞里许多动人的故事至今仍被商城人民广为传诵。

扶沟县吉鸿昌将军纪念馆

吉鸿昌将军纪念馆原位于扶沟县烈士陵园内，为深刻缅怀吉鸿昌将军，发扬光大民族精神，扶沟县于 2007 年开始规划建设吉鸿昌将军纪念馆新馆。

吉鸿昌将军纪念馆历时 3 年建成，新馆位于扶沟县城鸿昌大道东段，占地面积 6.6 万平方米，建筑面积 1.6 万平方米，基本陈列面积 2600 平方米。馆区由主馆、纪念广场、国防教育园、休闲公园 4 部分组成。主馆内设 4 个主展厅、1 个多功能厅、1 个廉政教育厅和半景画馆等。馆藏陈列生动再现了吉鸿昌将军可歌可泣的英勇事迹。馆前广场上威武屹立着吉鸿昌将军青铜塑像，铜像高 7.9 米、重 6 吨，是由扶沟县干部群众和社会各界捐资所铸。广场西侧是国防教育园，放置有空军某部赠送的一架退役的歼–6 教练战斗机，中国人民解放军济南军区赠送的一辆退役的坦克及两门大炮等武器。

吉鸿昌将军纪念馆先后被命名为全国红色旅游经典景区、全国爱国主义教育示范基地、全国青少年教育基地、河南省重点烈士纪念建筑物保护单位、河南省青少年思想教育基地、河南省中小学德育基地、河南省国防教育基地、河南省红色旅游景点，并获得全省爱国主义教育示范基地工作先进单位等诸多荣誉称号。2014 年，吉鸿昌将军纪念馆被列为全国第一批国家级抗战纪念设施、遗址。

驻马店杨靖宇将军纪念馆

杨靖宇将军纪念馆由将军故居和纪念馆两部分组成。故居位于驻马店市驿城区南6公里、107国道东侧2公里处的驿城区古城乡李湾村（原属确山县），纪念馆位于驻马店市区南6公里处的107国道东侧。

将军故居占地10亩，建筑面积600平方米。故居主体建筑由大门、杨靖宇塑像广场和旧居组成。故居坐北朝南，有主房4间和东、西厢房各3间，院中有杨靖宇将军幼年栽种的一棵槐树。杨靖宇将军故居是河南省文物保护单位、河南省重点烈士纪念建筑物保护单位。

将军纪念馆占地50亩，建筑面积6000多平方米。主体建筑由大门、铜像浮雕广场、柱廊、将军生平事迹陈列厅、遗容室及碑廊组成。陈列厅共展出图片400余幅，文物100多件，真实生动地再现了将军辉煌壮丽的一生。

杨靖宇将军纪念馆是河南省首批重点烈士纪念建筑物保护单位、河南省中小学教育基地、河南省国防教育基地、河南省爱国主义教育基地、河南省中共党史教育基地、河南省红色旅游经典景区、国家国防教育示范基地、全国爱国主义教育示范基地等。

确山竹沟革命纪念馆

确山县竹沟是中原地区革命的摇篮，这里先后走出了两任国家主席，4 位副国级领导，60 多位省部级领导，100 多位将军，有 200 多位同志成长为地市或师级以上领导干部。刘少奇、李先念、彭雪枫、张劲夫、张爱萍、张震、方毅、朱理治、陈少敏等老一辈无产阶级革命家都曾在这里工作和战斗过。竹沟又是新四军二师一部、四师、五师的发祥地和三师、七师部分骨干力量的出发地，竹沟因此被誉为“小延安”。

确山竹沟革命纪念馆位于确山县城西 30 公里的竹沟镇，占地面积 4 万平方米，始建于 1956 年，由周恩来总理题写馆名，是全国建立较早的革命纪念馆之一。1998 年 10 月，竹沟革命纪念馆新建展厅落成，为青砖小瓦仿古代建筑。基本陈列为“竹沟革命斗争史陈列”，共分六大部分：第一部分是“早期革命活动”，第二部分是“开辟豫南桐柏山区根据地”，第三部分是“河南抗战的领导中心”，第四部分是“中原抗战的战略支撑点”，第五部分是“竹沟惨案”，第六部分是“夺取抗战的最后胜利”。竹沟革命纪念馆全部陈列展出实物、图片、绘画、文字等共计 400 余件，绘制场景 4 处，大型雕塑作品 4 件。馆藏文物近 800 件，藏品类别主要是近现代文物，特别是反映中共中央中原局在竹沟时期遗留下来的革命文物。

竹沟革命纪念馆拥有中共中央中原局、中共河南省委、新四军四支队八团队各机关旧址，刘少奇办公室、李先念办公室、彭雪枫办公室旧址，竹沟军政教导大队、豫鄂边军事会议旧址以及陈列厅、小延安街、北窑军事会议、军事训练场、竹沟军政教导大队、孤山冲、毛家棚等多处革命旧址。

竹沟革命纪念馆是全国重点文物保护单位、全国爱国主义教育基地、全国红色旅游经典景区、首批国家国防教育基地、全国青少年教育基地。

泌阳县焦竹园鄂豫边革命纪念馆

鄂豫边革命纪念馆位于豫南桐柏山区的泌阳县铜山乡焦竹园村，这里在土地革命时期曾是中共鄂豫边省委机关所在地和鄂豫边红军游击队驻地。

土地革命战争后期，鄂豫边区党组织遭受严重破坏。为了保存革命力量，开展游击战争，1935年8月，活跃在唐河、泌阳一带桐柏山区的党组织决定在唐河县成立中共鄂豫边省委，张星江任书记，仝中玉任组织部长，王国华任宣传部长，省委机关主要设在泌阳县王店乡张楼、铜山乡邓庄铺和焦竹园。1936年1月，鄂豫边省委建立了鄂豫边红军游击队，张星江任指导员，周骏鸣任队长。红军游击队从最初的7个人、3条枪发展壮大到近千人的武装力量，抗战时期成为新四军二师八团。1937年，中共鄂豫边省委和鄂豫边红军游击队进驻焦竹园，以确山、泌阳、桐柏、信阳四县接合部为中心区域组织领导了鄂豫边20个县的游击战争，开辟了桐柏山游击根据地，成为南方八省15块红色革命根据地之一。1938年1月，根据斗争形势需要，中共鄂豫边省委由焦竹园迁往确山县竹沟镇。焦竹园是竹沟革命根据地的前身，为中国的革命斗争留下了浓墨重彩的一页。

为了展示革命前辈的业绩，发挥革命纪念地的教育功能，泌阳县委、县政府先后投入资金近千万元，对鄂豫边革命纪念馆进行了复建和扩建。新建成的纪念馆总建筑面积3240平方米，包括革命旧址、纪念广场、展览馆三个部分，馆藏近现代文物 600 多件。革命旧址房屋为明代建筑，总建筑面积 1260 平方米，2000 年被列为河南省重点文物保护单位，2011 年被定为河南省爱国主义教育示范基地。

后　记

自古云，得中原者得天下。河南地处中原，历史悠久，文化灿烂，战略位置十分重要。河南又是一块红色的土地，拥有光辉的革命历史：河南是中国共产党开展活动、建立组织最早的省份之一；河南的铁路工人运动在大革命时期威震全国；以河南新县为首府的鄂豫皖革命根据地是土地革命时期仅次于中央苏区的革命根据地；河南是全国抗战的最前线、主战场之一，在党的领导下河南人民为夺取全国抗战的胜利作出了巨大的牺牲和重大的贡献；中原大地上的千里跃进大别山壮举和淮海战役大决战，以摧枯拉朽之势解放全河南，中原得新生。

在90多年奋斗历程中，党领导河南人民英勇奋战，顽强拼搏，不仅取得了新民主主义革命的胜利，而且在社会主义革命、建设和改革开放时期，带领中原儿女使昔日贫穷落后的中原大地发生了翻天覆地的变化，走上了中原崛起、河南振兴、富民强省的发展之路，在党的历史上写下了光辉灿烂的篇章。

河南是红色文化资源相当丰富的省份。据不完全统计，全省现有800多处红色资源点，近500处县级以上爱国主义教育基地，80多个革命老区，26个红色旅游经典景区。此外，河南还先后涌现出以杨靖宇、吉鸿昌、焦裕禄、史来贺、常香玉等为代表的一大批中原人民的优秀儿女。近年来，河南省充分挖掘红色文化资源，积极弘扬红色文化，先后成立了河南省焦裕禄精神研究会、河南省红旗渠精神研究会、河南省愚公移山精神研究会等社会团体，建成了焦裕禄干部学院、红旗渠干部学院、大别山干部学院以及愚公移山精神教育、新乡先进群体教育和南水北调党性教育基地等，搭建起集研究、保护、开发、传承为一体的党性实践教育系统和红色资源利用平台，成为弘扬、传播宝贵红色精神的阵地和广大党员干部党性锻炼的熔炉。

为编好《红色中原》一书，我们历时五年，走遍河南全境，考察了各地的红色资源，参观了数十处红色革命圣地，走访了许多相关人士，查阅了大量历史资料。在本书编写过程中，我们得到了河南有关部门的指导和支持，也得到了一些领导干部的支持和帮助。同时，本书特别得到了中国红色文化研究会、河南省关心下一代工作委员会、河南省红旗渠精神研究会、河南省焦裕禄精神研究会领导的大力支持，在此一并表示感谢。

本书是集体智慧的结晶，除中国红色文化研究会红色传承专业委员会的徐宜发、王留彦、侯远长等作为主要编著人外，河南省委党校、河南省直党校、大别山干部学院、红旗渠干部学院、焦裕禄干部学院的部分专家、教授，也对本书文稿提出了修改意见。省内外的一些党员干部、专家学者也对本书提出了宝贵的意见和建议，在此表示深深的感谢。

在本书编写过程中，我们参考了大量的档案资料、历史文献和党史著作、文章，限于篇幅，未能一一列出，谨向各位作者表示诚挚的感谢。大象出版社为本书的出版给予了积极支持，表示特别感谢。

由于资料来源和水平有限，书中难免有疏漏和谬误之处，恳请读者和方家批评指正，以便再版时予以订正完善。